FACULTE DE DROIT DE PARIS

LA NON-DÉDUCTION

DU

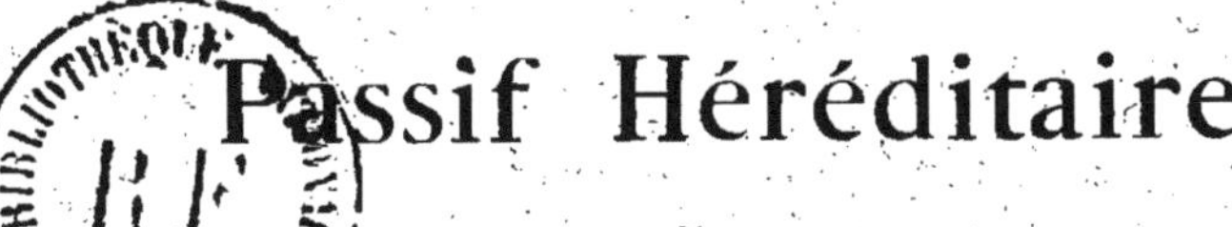

Passif Héréditaire

EN MATIÈRE FISCALE

ET LES PROJETS DE RÉFORME

THÈSE POUR LE DOCTORAT

Présentée et soutenue le Mardi 12 Juin 1900, à 8 heures 1/2

PAR

Achille CHÉRON

Président : M. BERTHÉLEMY, *professeur*

Suffragants : M. LÉVEILLÉ, *professeur*; M. SAUZET, *professeur*.

PARIS

ANCIENNE LIBRAIRIE THORIN ET FILS

ALBERT FONTEMOING, ÉDITEUR

Libraire des Écoles françaises d'Athènes et de Rome,

du Collège de France, de l'École Normale Supérieure et de la Société des Etudes historiques,

4, rue Le Goff, 4

1900

THÈSE

POUR LE DOCTORAT

La Faculté n'entend donner aucune approbation ni improbation aux théories émises dans les thèses ; ces opinions doivent être considérées comme propres à leurs auteurs.

FACULTÉ DE DROIT DE PARIS

LA NON-DÉDUCTION

DU

Passif Héréditaire

EN MATIÈRE FISCALE

ET LES PROJETS DE RÉFORME

THÈSE POUR LE DOCTORAT

Présentée et soutenue le Mardi 12 Juin 1900, à 8 heures 1/2

PAR

Achille CHÉRON

Président : M. BERTHÉLEMY, *professeur*

Suffragants : M. LÉVEILLÉ, *professeur.*
M. SAUZET, *professeur.*

PARIS

ANCIENNE LIBRAIRIE THORIN ET FILS

ALBERT FONTEMOING, ÉDITEUR

Libraire des Écoles françaises d'Athènes et de Rome,

du Collège de France, de l'École Normale Supérieure et de la Société des Etudes historiques.

4, rue Le Goff, 4

1900

INTRODUCTION

Un principe, contraire à l'équité, existe dans la loi française relative aux droits à percevoir par l'Etat dans les mutations par décès : c'est celui de la non-déduction du passif héréditaire. Posé par la loi du 27 frimaire de l'an VII qui l'avait recueilli dans la dernière jurisprudence de l'ancienne France, attaqué depuis lors par les juristes les plus éminents, par les économistes les plus distingués, combattu par l'opinion publique, discuté dans nos assemblées politiques dès 1819, et depuis vingt années surtout, ce principe est resté cependant debout depuis un siècle.

Pourquoi ? Par quelles raisons assez puissantes, par quels arguments assez convaincants a-t-il donc été défendu ? Quels motifs au contraire se sont opposés à son abrogation, quels obstacles ont pu se dresser pour empêcher l'adoption du principe de la déduction des dettes dans la liquidation des droits de l'Etat en matière de succession ?

« Les droits de mutation, disait M. Yves Guyot, rapporteur général du budget de 1888, réfutant les

objections soulevées contre la réforme d'un pareil état de choses, les droits de mutation, disait-il, doivent être perçus sur les valeurs que le testateur laisse à son héritier et non pas sur les charges ; car les charges, ce n'est rien, et là où il n'y a rien, le roi perd ses droits, suivant un ancien adage: c'est même moins que rien, car elles peuvent constituer des obligations. Le droit de mutation est donc établi sur le vide. L'héritier n'est héritier qu'à la condition d'avoir quelque chose. Ce quelque chose c'est l'actif de la sucession. Le reste ne compte pas pour lui. Cependant la liquidation actuelle le fait payer pour ce qu'il n'acquiert pas. »

Pourquoi cela, encore une fois ? Où sont les bonnes raisons, où sont les arguments contre la notion élémentaire de justice fiscale qui milite en faveur de la déduction du passif ?

En réalité, ainsi que nous espérons le démontrer, les motifs donnés en faveur de la non-déduction sont insuffisants à nos yeux, tandis que d'autre part les obstacles opposés à la déduction ne nous paraissent pas infranchissables.

Attaquer la législation existante, défendre les réformes proposées, telle est en définitive la double tâche que nous assumons, trop heureux si parmi les innombrables difficultés de cette importante matière d'étude, nous pouvons éclaircir quelques points et apporter notre humble concours à cette œuvre de justice qui froisse à tel point la conscience publique qu'il n'est pas dans ces dernières années un ministre des finances qui n'ait donné à la réforme l'appui de son autorité et de sa compétence.

PREMIÈRE PARTIE

La question du Passif héréditaire de 1799 à 1900

CHAPITRE PREMIER

La loi de l'an VII

Voulant indiquer nettement, dès ses premières séances, son intention formelle d'abandonner les errements de l'ancien droit, en matière d'impôts, et notamment l'arbitraire de la législation fiscale de l'ancien régime, l'Assemblée Constituante, dans sa Déclaration des Droits de l'homme et du citoyen posait en principe que « la loi doit régler l'impôt de telle façon qu'il soit payé par chacun en raison de ses facultés. »

Dix ans plus tard, les deux Assemblées du Directoire : le Conseil des Anciens et le Conseil des Cinq-

Cents, votaient les deux articles suivants de la loi du 22 frimaire de l'an VII :

Art. 14. — La valeur des biens meubles est déterminée pour la liquidation et le paiement du droit proportionnel, ainsi qu'il suit : ...... 8° Pour les transmissions entre vifs, à titre gratuit, et celles qui s'opèrent par décès, par la déclaration estimative des parties, *sans distraction des charges.*

Art. 15. — La valeur des immeubles est déterminée pour la liquidation et le paiement du droit proportionnel, ainsi qu'il suit, savoir : ...... 7° Pour les transmissions de propriété entre vifs, à titre gratuit, et celles qui s'effectuent par décès, par l'évaluation qui sera faite et portée à vingt fois le produit des biens ou le prix des baux courants, *sans distraction des charges.*

Ces deux articles sont en complète opposition avec le texte précité de la Déclaration des Droits. Comme le dit M. Demante (1), « le principe de la non-distraction des charges contrarie directement la notion fondamentale de nos lois modernes, la répartition proportionnelle des contributions publiques. » Il suffit, pour s'en convaincre, de donner quelques exemples du principe déposé dans les art. 14 § 8 et 15 § 7 de la loi de frimaire.

L'application la plus simple est celle-ci : On prend

(1) Demante. Principes d'Enregistrement, 4e édit. 1890, t. 2, p. 233 et s.

deux successions. Pour les besoins du raisonnement, on les suppose toutes deux d'une valeur de 200,000 francs, toutes deux composées d'immeubles. Dans l'une, l'héritier va recueillir les 200.000 francs, nets et liquides de toute charge. L'autre succession est, au contraire, grevée hypothécairement d'une dette de 150,000 francs. Que l'on suppose chacune des successions dévolue à un héritier en ligne directe : dans la première l'héritier, au taux de 1 0/0, paie (1) 2,000 francs pour en recueillir 200.000 ; dans la seconde, il paiera le même droit de 2,000 francs pour recueillir 50,000 francs : l'impôt est ainsi de 4 0/0. Où est la proportion ?

Nous pouvons imaginer mieux : une succession immobilière de 100,000 francs grevée d'un passif de 99,000 francs ; un héritier en ligne directe, moralement obligé par des considérations d'honneur, de famille, d'accepter la succession paternelle. Que recueille-t-il en réalité ? 1,000 francs. Combien paie-t-il au fisc ? 1,000 francs. De telle sorte qu'en réalité c'est le Trésor, non le successible qui hérite.

Il peut même arriver que, le passif égalant l'actif, un héritier, n'ayant rien recueilli du tout, soit tenu de payer une somme qu'il n'a pas reçue, et cela sur ses biens personnels. Et s'il y a plusieurs héritiers celui-là même qui ne serait contraint régulièrement de payer qu'une part, si ses cohéritiers sont insolva-

(1) Nous ne parlons pas ici des décimes qui viennent en réalité s'ajouter au principal de l'impôt des successions.

bles, est contraint de payer toute la somme que réclame le fisc.

Bien mieux encore : l'article 802 civ. prévoit le cas d'une succession acceptée bénéficiairement. L'héritier, dans ce cas, n'est tenu des dettes que jusqu'à concurrence des biens de la succession. Mais l'administration de l'enregistrement, s'appuyant sur plusieurs arrêts de la Cour de Cassation, a fait passer en jurisprudence cette doctrine que les droits d'enregistrement deviennent par le fait de l'acceptation, même bénéficiaire, une charge non plus de la succession, mais de l'héritier. De sorte que, dans une succession qui se solde par un déficit, l'héritier bénéficiaire n'en doit pas moins payer de ses deniers les droits que l'Etat réclame.

Lors de l'enquête agricole de 1869, un des commissaires enquêteurs, celui de la région des Pyrénées, M. Larrabure, rapportait le cas d'une famille maltraitée par le fisc de la façon suivante : « Un jeune homme de 30 ans reçut de son père un bien de 20.000 francs grevé de 12 000 francs de dettes. Il paya les droits sur les 20.000 francs. Il se maria et reçut une dot de 8.000 francs qui servit à payer les dettes jusqu'à due concurrence. Il mourut bientôt laissant deux enfants mineurs pour lesquels on paya les droits sur les 20.000 francs. La mère mourut peu de temps après. On rechercha son avoir ; on trouva qu'il était de 8 000 francs, montant de sa dot. On paya les droits sur les 8.000 francs. Ainsi les héritiers payèrent plusieurs fois sur des sommes qu'ils n'avaient pas (1) ». Dans ce cas l'Etat a perçu les droits sur 48.000 francs (20.000+20.000+8.000). alors qu'il ne s'était réellement produit de mutation que sur 16.000 francs. L'impôt à raison de 1 0/0, a été dans l'espèce de 480 francs pour 16.000 francs, c'est-à-dire que, par suite de ces circonstances, les héritiers ont payé 3,33 0/0 sans compter les décimes.

Autre exemple, emprunté à la jurisprudence : un banquier disparaît de son domicile le 30 janvier 1859. Le lendemain il est déclaré en état de faillite, et son décès est constaté le 2 mars suivant. Un arrêt de la Cour de Cassation du 2 décembre 1862, confirmant une décision de la Cour d'Orléans du 9 juin 1860, a reconnu l'administration de l'enregistrement légalement fondée à prélever sur les fonds de la faillite au préjudice des créanciers une somme de 40.000 francs pour les droits de succession. Inutile d'ajouter que les héritiers n'avaient pas recueilli un centime (2).

M. Borie, député, cite dans son discours du 12 mars 1891 (3) le cas suivant d'une affaire qui intéressa vivement l'opinion publique, celle de Mlle Leblond.

(1) Enquête agricole. Documents généraux 1re série t. IV p. 5 et p. 135.

(2) Cet exemple est rapporté en note dans le rapport consacré par M. de Marcère à la question du passif héréditaire. *Journal Officiel* 12 mai 1872, p. 3182, note.

(3) *Journal Officiel*. Débats de la Chambre des députés, 1891 p. 591.

Cette personne héritait en 1880 de deux oncles qui semblaient lui laisser une grosse fortune ; mais après liquidation le passif se trouvait de beaucoup dépasser l'actif et les droits de mutation s'élevaient à plus d'un million.

Ces quelques exemples suffisent à montrer l'esprit de la loi de frimaire sur ce point : elle ne laisse rien se perdre ; elle veut relever les finances ; elle est au plus haut degré une loi fiscale.

Ces exemples donnés, arrêtons-nous sur les termes mêmes des deux articles que nous avons cités au début. La loi veut faire payer l'impôt sur la valeur fixée, pour les immeubles, à vingt fois leur revenu, et pour les meubles, à l'estimation des parties, *sans distraction des charges*.

Remarquons cette expression de la loi de frimaire. On n'a pas proscrit seulement la déduction des dettes que l'on avait surtout en vue ; on est allé plus loin, et l'on rejette la distraction des charges.

Que signifie ce mot : *charges* ? La question se pose à l'interprète dans le silence de la loi. Il y a deux sortes de charges : les charges réelles et les charges personnelles (1).

Les charges sont réelles lorsqu'elles tiennent prin-

(1) Sur la définition et l'étendue du mot : *charges*. comp. : Demante, loc. citato, t. 2, n° 691. Naquet, (traité des Droits d'Enregistrement) t. 2 n° 1.016. Garnier Répertoire, V° succession n°s 16.695 et 16.710. Championnière et Rigaud : Traité droits d'Enregistrement, t. 4, n° 3.405.

cipalement à ce fait qu'elles sont attachées à un immeuble plutôt qu'à une personne ; dans cette catégorie rentrent les dettes hypothécaires (1). En conséquence, on ne les déduit pas dans le calcul de l'impôt des successions. Sont encore des charges réelles les contributions publiques attachées à la seule qualité de possesseur : la contribution foncière, par exemple. La disposition de la loi, sur ce point, est aussi claire, aussi précise que possible : elle entraîne fatalement cette conséquence, rigoureuse sans doute, que l'Etat a le droit de prélever une taxe sur le montant même de l'impôt foncier. Faire payer l'impôt sur l'impôt est d'une iniquité fiscale révoltante. Et pourtant la loi est formelle. *Dura lex, sed lex.*

Point de distraction non plus pour une autre classe de charges réelles : les rentes et redevances foncières qui sont aujourd'hui, à la différence de l'ancien droit, de véritables dettes et qui rentrent dans le domaine d'application de notre loi (2).

A côté de ces charges, il en est d'autres, telles que

(1) L'hypothèque, d'après une théorie de droit civil, n'est pas un démembrement de la propriété. La propriété reste donc entière. Ce n'est qu'une simple charge.

(2) Le tribunal de Brioude, s'appuyant sur le caractère ancien des rentes foncières, avait jugé que dans l'évaluation des biens héréditaires, il devait être fait distraction des capitaux de rentes dont ces biens étaient grevés. Mais ce jugement fut cassé par arrêt du 19 prairial an XI dont un des motifs était que le caractère des rentes foncières est d'être aujourd'hui des charges des immeubles sur lesquels elles sont établies.

les servitudes, qui ne rentrent pas dans les termes de l'art. 15 de la loi de frimaire, parce qu'elles constituent de véritables démembrements de la propriété.

Les charges personnelles, par opposition aux charges réelles, sont celles qui résultent surtout des obligations dont le *de cujus* était personnellement tenu : on peut citer notamment les dettes courantes, les dettes de ménage, les frais de dernière maladie, les frais funéraires, les frais d'assurances, les dettes résultant d'obligations commerciales. C'est surtout en vue de ces dettes qu'a été porté le texte qui nous occupe.

« Le mot charges, dit M. Naquet (1), est très général et comprend non seulement les dettes ordinaires, mais ces sortes d'obligations qu'on n'est pas dans l'usage d'appeler des dettes, telles que l'obligation de payer les frais funéraires, les frais de dernière maladie, les contributions dues à raison de la possession des immeubles héréditaires (impôt foncier et des portes et fenêtres), les dépenses d'entretien, les primes d'assurances, etc. ».

En l'absence d'une définition donnée par le législateur, nous considérons donc comme charges les dettes et obligations personnelles du défunt, d'une part ; et d'autre part les droits qui grèvent ses immeubles sans être un véritable démembrement de propriété.

(1) Naquet. Traité des droits d'Enregistrement, Tome II, n° 1016.

Le principe de la non-déduction du passif héréditaire n'étant point l'œuvre d'un texte isolé, ce serait le connaître insuffisamment que de ne point le placer au regard des dispositions avoisinantes. A la définition des termes de l'article fondamental doit, par conséquent, s'unir une brève analyse de l'économie générale de la loi de frimaire.

La loi de l'an VII, avons-nous dit, est avant tout une loi fiscale, au sens étroit du mot ; la non-distraction des charges en est la preuve. Et ce n'est pas la seule. D'autres règles aggravantes pour les contemporains, venaient rendre la non-déduction encore plus dure. On se trouvait en effet au lendemain d'un régime où, parmi tant de règles arbitraires et injustes, deux dispositions de faveur s'étaient maintenues : la double exemption de droits accordée aux successions en ligne directe et aux successions mobilières. Les Assemblées du Directoire jugèrent bon de supprimer ces deux exemptions : les héritiers en ligne directe durent payer 1 0/0 et les successions mobilières furent taxées au 1/4 de ce qu'acquittaient les immeubles. Encore une fois, cela répondait bien à l'esprit rigoureux de la nouvelle loi dont le but était d'augmenter les deniers publics ; mais c'était imposer tout d'un coup une lourde surcharge à la fortune privée.

En envisageant d'autres parties de la même loi, on s'explique cependant jusqu'à un certain point qu'un texte si dur pour le contribuable ait vu le jour en 1799. La loi contenait en effet, d'autres dispositions qui ménageaient l'opinion publique en tempérant le principe de la non distraction des charges. Nous voulons parler de la façon dont le législateur évaluait les biens pour calculer l'impôt.

Pour les meubles, on s'en référait à l'estimation des parties ; pour les immeubles, on multipliait par 20 « le produit des biens ou le prix des baux courants. » Les deux textes qui dans la loi de frimaire établissent cette double évaluation des biens meubles et immeubles sont ceux-là mêmes qui posent le principe de la non distraction des charges. Ce sont les art. 15 § 7 et 14 § 8. Ils semblent donc bien en faire comme une contrepartie, comme une atténuation.

Et d'ailleurs, n'est-ce pas accorder une faveur au contribuable que de lui dire : « Vous avez des meubles dans votre succession ; pour les taxer, nous nous en référons à vous : dites-nous ce qu'ils valent, vous paierez les droits d'après cette valeur. » Ce mode d'évaluation est si bien une faveur que l'on citait au Sénat, en 1869, le cas d'un numismate dont la succession comprenait des médailles que les héritiers déclarèrent pour 500 francs. Quelques jours après, les mêmes médailles étaient vendues au prix de 50000 francs. L'administration n'était elle pas en droit de se plaindre ? En aucune façon. L'eût-elle voulu, elle était impuissante à le faire, elle se trouvait en effet désarmée par l'art. 14 § 8 de la loi de frimaire admettant la déclaration estimative des parties comme base du droit à percevoir sur les meubles.

N'était-ce pas non plus une faveur que la disposition de l'art 15 § 7 évaluant les immeubles à 20 fois leur produit ? La plupart des immeubles, surtout les immeubles ruraux et particulièrement les propriétés d'agrément, rapportent un revenu faible, sensiblement inférieur à 5 0/0. Leur valeur obtenue au moyen d'une capitalisation du revenu par 20 donne donc un chiffre inférieur a leur valeur réelle. Que l'on suppose une propriété d'agrément d'une valeur de 150 000 francs dont le revenu ne dépasse guère 4000 francs. On obtient avec le système de la loi de frimaire une valeur de $4000 \times 20 = 80000$ francs, résultat avantageux au contribuable, et qui atténuait pour les espèces de ce genre les conséquences rigoureuses de la non distraction des charges.

Ajoutons qu'aux termes de l'art. 70 § 3 de la même loi de l'an VII, les rentes sur l'Etat transmises par succession étaient affranchies de tout droit, nouvelle règle favorable s'ajoutant aux deux précédentes.

APPENDICE

La loi de frimaire considère-t-elle l'usufruit comme une charge, au sens des art. 14 et 15 ?

Lorsque les auteurs de la loi de frimaire décidaient que l'évaluation des immeubles, en ce qui concerne la liquidation des droits de succession, serait faite sans distraction des charges, l'usufruit était-il considéré par eux comme un des éléments de ce qu'ils désignaient sous le nom de charges ?

L'art. 15 § 6, paraît être une réponse, indirecte du moins, à la question ainsi posée. S'occupant du droit proportionnel pour les mutations à titre onéreux, ce texte décide que « la valeur de la propriété sera déterminée, pour tous actes portant translation de propriété ou d'usufruit à titre onéreux, par le prix exprimé, en y ajoutant toutes les charges en capital. Si l'usufruit est réservé par le vendeur, il sera évalué à la moitié de tout ce qui forme le prix du contrat, et le droit sera perçu pour le total. Mais il ne sera dû aucun autre droit pour la réunion de l'usufruit à la propriété. »

Aux termes de cet article, l'usufruit est égal à la moitié de ce qui forme le prix du contrat, c'est-à-dire à la moitié du prix exprimé, plus toutes les charges en capital. Le législateur établit ainsi, en matière de vente, une distinction certaine entre l'usufruit et ce qu'il appelle des charges. Il envisage deux choses : le prix et les charges d'une part ; l'usufruit, d'autre part, égal d'après lui à la moitié du prix et des charges. Il en parle dans deux alinéas différents, et cette manière de procéder est tout à fait d'accord avec l'esprit du texte. « Autrement, dit M. Dorlencourt (1), l'art. 15 impliquerait cette ridicule logomachie : l'usufruit serait, en sa qualité de charge, une des parties de sa propre valeur. » Il est impossible que la loi ait voulu une pareille conséquence. Dans cet endroit, par conséquent, et dès lors le même esprit doit être celui de la loi toute entière, l'usufruit n'est point une charge, c'est une contre-partie de la nue propriété, c'est une jouissance viagère à côté d'une propriété temporairement en sommeil : c'est un démembrement, mais ce n'est pas une charge.

« L'usufruit, dit M. Naquet, constitue au regard de la loi fiscale une propriété particulière privativement soumise à l'impôt. » Et M. Demante (2), à propos de l'art. 15 s'exprime ainsi : « L'art. 15 n'a pas en vue l'usufruit. En effet l'usufruit a ses règles spéciales. »

La loi de frimaire l'a si bien entendu en ce sens, que les droits de mutation établis par elle frappent

(1) Revue Pratique de droit français, V. 289.
(2) Principes d'Enregistrement, n° 691.

l'usufruitier, en considérant son droit comme une sorte de propriété étrangère à la succession : l'usufruit étant évalué à la moitié de la nue-propriété, elle lui applique les tarifs dans cette proportion (1). Elle le considère donc bien comme un démembrement de la propriété.

On nous objectera sans doute ceci, que, de son côté, le nu-propriétaire paie aussitôt un droit de mutation pour la valeur de la propriété pleine et entière, comme si l'usufruit n'existait pas.

Nous répondrons que ce n'est pas en raison de la théorie de la non-déduction des charges qu'il en est ainsi. L'exigence d'un droit entier et d'un demi-droit en sus a sa source dans l'esprit fiscal de la loi de l'an VII, qui a jugé conforme à l'intérêt du Trésor de réclamer le plus possible de droits dans un cas où il y a une double transmission dont l'une est en sommeil et dont l'autre n'est que viagère. Une réforme sur ce point est depuis longtemps à l'ordre du jour de nos assemblées parlementaires.

A raison même de ces règles toutes spéciales, la question des droits de succession applicables aux immeubles grevés d'usufruit est distincte de la théorie générale de la non-déduction du passif héréditaire. Elle ne rentre pas dans cette étude.

(1) Art. 14 § 11. — Art. 15 § 8. L. 22 frimaire an VII.

CHAPITRE II

La jurisprudence

La loi de frimaire a cent années de date, et la non-déduction des charges, toujours inscrite dans la loi, foncièrement injuste aujourd'hui comme hier, régit nos successions en 1900 comme elle le faisait en 1799.

La jurisprudence cependant restreignit, autant qu'elle le put, au cours de ce siècle, le principe fiscal de la non distraction des charges.

La première difficulté, chronologiquement parlant, qui se présenta aux tribunaux, fut relative aux legs de choses fongibles ou de sommes d'argent. Le legs de choses qui se retrouvent en nature dans la succession ne tarda pas à être naturellement soustrait à l'application de l'art. 15, le legs se prenant dans cette hypothèse par prélèvement sur le patrimoine et n'étant pas une charge dans le sens de la loi de frimaire ; mais si les choses léguées n'existent pas en nature dans la succession ; par exemple si le testateur a légué une somme d'argent et qu'il n'y ait pas assez d'argent comptant ou pas du tout, le raisonnement est tout différent. Ne peut-on pas dire en effet que le légataire a dans ce cas un droit de créance plutôt qu'un droit de propriété ?

L'embarras du juge était grand et se justifiait; car dans cette hypothèse on ne peut pas parler d'un obstacle à la transmission de la propriété entre les mains de l'héritier, et cependant, même dans cette hypothèse, la raison aussi bien que la conscience exigent la déduction. C'est dans ce sens que se prononça la Cour de cassation dans deux arrêts du 27 mars et du 12 avril 1806. Cette opinion fut appuyée par la haute autorité du Conseil d'Etat dont les avis avaient alors force de loi interprétative, le 10 septembre 1808 il autorisa la déduction en admettant pour le legs de choses fongibles la fiction légale de transmission directe. Le Conseil d'Etat, lit-on dans cet avis : « Considérant qu'on ne doit pas assimiler le legs particulier payé d'après la volonté du testateur à une dette de succession » est d'avis que « lorsque les héritiers ou légataires universels sont grevés de legs particuliers de sommes d'argent non existantes dans la succession, et qu'ils ont acquitté le droit proportionnel sur l'intégralité des biens de cette même succession, le même droit n'est pas dû pour ces legs ; conséquemment que les droits déjà payés par les légataires particuliers doivent s'imputer sur ceux dus par les héritiers ou légataires universels (1) ».

(1) Avis rapporté par Naquet loc. cit. t. II, p. 518.

Pendant vingt années la jurisprudence se borna à ce premier pas vers l'atténuation du principe rigoureux des art. 14 et 15. Elle comprit bientôt la nécessité d'être plus large en matière d'exceptions à la non déduction du passif. D'après le Code civil, tant que dure une association douée de la personnalité morale, les biens sociaux n'appartiennent qu'à la société : l'associé ne possède en propre que sa part d'émolument net restant après l'imputation du passif sur l'actif social : les dettes de la société ne sont pas siennes. La déduction du passif social étant la règle en droit civil, quelle bonne raison aurait pu militer pour adopter une règle contraire en droit fiscal ? Au moment où les grandes sociétés de commerce commençaient à surgir de toutes parts, offrant aux capitaux des emplois rémunérateurs, il eût été impolitique de ne point tenir compte du caractère social avant tout, que revêt le passif de ces grandes entreprises.

La Cour de Cassation admit donc une nouvelle exception : dans un arrêt du 3 mars 1829 (1) elle décida que les droits de mutation par décès ne peuvent être perçus que sur la valeur nette des parts sociales dans les sociétés personnes morales. En d'autres termes, les dettes de la société personne morale ne sont pour aucune partie des charges de la succession de l'associé. Mais là s'arrête l'exception : le principe fiscal

(1) Dalloz. Répertoire. V° Enregistrement, n° 4,509.

de l'an VII reprend son empire pour les dettes des sociétés ne constituant pas des personnes morales (sociétés dont l'existence n'est pas établie au regard de l'administration, par exemple les sociétés commerciales constituées ou prorogées par simple convention verbale) ; les dettes de société sont proportionnellement alors des dettes de l'associé, et l'héritier paiera sur la valeur brute du patrimoine reçu par lui.

Une autre matière, très vaste, sollicita, au milieu du siècle, l'attention des juges : il arrive dans des cas nombreux en effet qu'un mandataire, un tuteur, un usufruitier, un dépositaire, un légataire, un comptable décèdent laissant dans leur succession des sommes d'argent ou des choses fongibles dont ils doivent raison à leur mandant, à leur pupille, au nu-propriétaire, au déposant, au bénéficiaire du legs. Ces sommes ou ces objets doivent-ils être considérés comme des charges de la succession au sens de la loi de frimaire et l'héritier doit-il en conséquence subir l'impôt sur ces valeurs ? (1).

La première difficulté se présenta en matière d'usufruit de sommes d'argent ou de choses fongibles : que devait-on décider dans cette hypothèse où les biens

(1) Nous verrons plus loin que la même controverse n'eut pas à se produire lorsque les mêmes contrats ont pour objet des choses se retrouvant *in individuo* dans la succession. On admit de bonne heure en effet que, dans ce dernier cas, les choses dont le défunt n'a que la garde ou l'administration doivent être déduites comme étant en dehors de son patrimoine.

assujettis à l'usufruit ne se retrouvent pas en nature lors du décès de l'usufruitier, où aucune indication, d'ailleurs, ne permet de déterminer avec certitude ceux qui ont été acquis en remploi ? Il est en effet des choses dont on ne peut faire usage sans les consommer. Or l'usufruit peut, aux termes de l'art. 581 Civ., être établi sur toute espèce de biens, meubles ou immeubles. On peut donc être usufruitier de sommes d'argent, de denrées, de grains, de choses fongibles en un mot. C'est le quasi usufruit. Dans ce cas l'usufruitier a le droit (art. 587 Civ.) de se servir de ces choses à la charge d'en rendre de pareille quantité, qualité et valeur, ou de faire raison de leur estimation à la fin de l'usufruit. Si l'usufruitier ne laisse à sa mort aucune chose de la nature de celles dont il avait le droit d'user, s'il les a consommées toutes, la déduction en est-elle autorisée, dans ce cas, sur les biens de la succession ?

L'administration et même les tribunaux avaient souvent refusé la déduction, lorsque, à partir de 1857, un revirement se fit dans la jurisprudence de la Cour de Cassation, qui marqua le début d'une évolution importante dans le sens de l'atténuation des principes rigoureux de la loi de l'an VII.

Dans un arrêt du 6 décembre 1858 (1), la Cour suprême se prononça pour la déduction dans une

(1) Dalloz 59. 1. 21. — Répertoire V° Enregistrement, supp. n° 1126.

espèce où la somme soumise à l'usufruit montait à 300.000 francs, et où l'usufruitier laissait un mobilier évalué 5.035 francs et le reste en immeubles. Cette solution a été consacrée notamment en ce qui concerne le cas où le mari conserve à titre d'usufruitier les reprises de la femme prédécédée.

Pour faire échec aux art. 14 et 15, il suffit donc, aux yeux des juges, de la propriété, purement abstraite ici, du nu-propriétaire. Cette propriété, le droit civil la réprouve puisqu'on constituerait ainsi un privilège en dehors des règles impératives de la loi ; et à première vue, il semble impossible qu'une somme d'argent puisse appartenir à un autre qu'à celui qui a les écus dans sa caisse.

Au point de vue économique, cependant, on conçoit fort bien une propriété abstraite de ce genre.

Qu'est-ce, au point de vue économique, que le prêt de somme d'argent ? C'est un contrat par lequel le propriétaire d'une somme (le bailleur de fonds) confère l'usage de cette somme à une sorte de locataire (l'emprunteur) moyennant une redevance (l'interêt) qui peut être considérée comme le prix d'un louage. Au point de vue économique on conçoit donc un individu propriétaire d'une somme qu'il n'a pas présentement entre ses mains. Ce droit de propriété, purement abstrait, a suffi à la Cour de Cassation, en l'absence d'aucun texte précis, pour opérer sur le patrimoine du quasi usufruitier la distraction de la somme « appartenant à un tiers ». Ce sont les termes mêmes de l'arrêt de 1858. — Juridiquement, en droit positif, il est facile de justifier une pareille solution. On lit ceci dans la décision de la Cour de Cassation, « qu'étant donné le décès de l'usufruitier, la délivrance au nu-propriétaire de la somme *qui lui appartenait*, n'est autre chose que la réalisation d'un droit antérieurement acquis à ce dernier et ne saurait constituer une charge de la succession dans le sens de la loi fiscale. »

Expliquons cette formule : Aux termes de l'art. 15, § 7, 2e alinéa, l'extinction de l'usufruit n'entraîne la perception d'aucun droit proportionnel ; le propriétaire reprend sa chose *jure suo*, et non par l'effet d'aucune transmission. Or l'usufruit peut être établi sur toute espèce de biens, même sur une somme d'argent (arg. art. 581). Donc ce qui est vrai de l'usufruit proprement dit, de l'usufruit des immeubles, doit être étendu au quasi-usufruit. La jurisprudence est aujourd'hui solidement établie sur ce point.

La théorie de la propriété de sommes d'argent pouvant appartenir à un autre qu'à celui qui a effectivement les écus en sa possession, cette théorie consacrée en matière de quasi-usufruit entraînait par analogie des conséquences auxquelles résista d'abord la Cour de Cassation pour céder ensuite, notamment en matière de donation et de dépôt de sommes d'argent.

En premier lieu, il peut arriver que le *de cujus* ait consenti une donation entre-vifs et actuelle de sommes ou de choses fongibles dont il ne s'était pas encore libéré au moment de sa mort. Distraira-t-on du patrimoine du défunt, pour le calcul du droit de mutation par décès, une valeur égale au montant des sommes ou objets donnés et non encore payés ou livrés? Après quelques hésitations, la Cour de Cassation dans un arrêt du 30 juillet 1862 admit la distraction. « Attendu, dit l'arrêt, que le donateur s'est dessaisi actuellement et irrévocablement des choses données, on ne saurait assimiler des libéralités provenant de la volonté du défunt à une véritable charge de sa succession, dont les choses données ont été au contraire détachées dès le moment de la disposition ». Il y a là, pour les juges, chez le donataire, un droit plus fort qu'un simple droit de créance.

Par analogie la Cour de Cassation, vers la même époque (arrêt 25 déc. 1862) déduisait du patrimoine du légataire universel, à son décès, les legs particuliers dont il avait été primitivement chargé et que la mort survenant avait empêché de payer. Un cas semblable peut se présenter en matière de donation, lorsqu'un donateur consent une libéralité à la charge pour le bénéficiaire de prendre une certaine somme sur ses biens ou sur les objets donnés et de la remettre à un tiers : Si la mort surprend le donataire principal avant qu'il n'ait acquitté la somme formant l'objet de la libéralité secondaire, on admet, par voie d'analogie, qu'il y a lieu de déduire de son propre patrimoine le montant de cette somme, préalablement à la liquidation de l'impôt dû par ses héritiers.

En matière de dépôt voici l'hypothèse où la jurisprudence a cru devoir faire fléchir le rigoureux principe de la non distraction du passif : Un dépositaire de choses fongibles a confondu ces objets avec les siens propres, où bien il a dissipé les valeurs qui lui étaient confiées ; ou plus simplement il les a employées après leur avoir fait subir une transformation. Le déposant n'a plus alors d'action en revendication, puisqu'il ne peut réclamer comme sien aucun des objets laissés par le dépositaire, il lui reste seulement une créance portant sur la succession. En vertu de la loi de l'an VII cette charge du patrimoine héréditaire ne devrait pas être déduite pour la liquidation du droit de mutation.

En fait, en ce qui concerne les fonds dont le *de cujus* était redevable comme dépositaire (et la même règle s'applique au mandataire et au tuteur qui ont en mains des sommes appartenant à un tiers, mandant ou pupille), la jurisprudence admet que la déduction peut en être opérée jusqu'à concurrence du numéraire, des billets de banque et des titres au porteur trouvés dans la succession (1). Certains tribunaux sont allés plus loin et ont autorisé la déduction pour des valeurs nominatives et même pour des corps certains, avec cette restriction toutefois qu'il fût bien prouvé que ces choses ont été acquises par le *de*

(1) Dictionnaire des droits d'Enregistrement, V° Successions, n° 1530.

cujus avec les fonds du déposant, du mandant ou du pupille.

L'arrêt de la Cour de Cassation de 1858 et les arrêts postérieurs en matière de quasi usufruit renferment des conclusions plus hardies au sujet des sommes et valeurs dont les héritiers du quasi usufruitier ont à tenir compte au nu-propriétaire en représentation de celles dont le *de cujus* avait la jouissance et qu'ils ne retrouvent plus dans leur individualité. La déduction s'étend ici aux immeubles, même à ceux appartenant en propriété à l'usufruitier avant la constitution de l'usufruit. Aucune restriction n'est imposée quant à l'origine des biens qui jouiront de la déduction. « L'énergie du principe de la distraction des valeurs usufructuaires est telle, dit M. Demante (1), que la distraction doit être admise, quelle que soit la composition du patrimoine de l'usufruitier. » Cette interprétation, contraire aux règles du droit civil, est une des principales preuves des efforts faits par les tribunaux en vue d'atténuer dans l'application les conséquences du principe de la non-distraction des charges.

Après avoir résisté, l'Administration a fini par s'y rallier.

(1) Principes d'Enregistrement, Tome II, n° 694.

CHAPITRE III

L'esprit de l'Administration

En même temps que la jurisprudence apportait à la règle defrimaire des dérogations, de jour en jour plus nombreuses et plus importantes, l'administration de l'Enregistrement elle-même était forcée de s'incliner devant des principes certains de droit civil faisant échec à une application stricte de la non-distraction de toute charge. L'administration eut également à compter avec l'esprit de plus en plus libéral de la jurisprudence.

Une théorie vint à surgir naturellement qui eut pour elle la raison et le droit civil.

Par opposition aux droits et actions qui, tout en grevant le patrimoine du défunt, ne font pas obstacle à la transmission de ce patrimoine aux héritiers, il est d'autres droits et actions qui s'opposent à la dévolution des biens qu'ils frappent, sur la tête des successibles. En un sens très large, ce sont encore des charges. Mais ils apparaissent surtout avec le caractère d'une sorte de propriété indépendante détachée de la propriété souche.

Cette théorie fut consacrée nettement par l'administration dans un mémoire qu'elle présenta en 1869 devant la Cour de Cassation (1). D'après elle la loi de frimaire, malgré l'absence de définition, a en vue, sous ce nom de charges, « tous les droits et actions qui ayant pour gage le patrimoine du défunt ne font pas obstacle à la transmission entière de ce patrimoine sur la tête des héritiers. »

La dénomination de charges ne s'applique pas au contraire aux droits et actions « qui affectent de telle sorte certaines choses du patrimoine que ces choses sont censées n'en plus faire partie et qu'elles ne sont pas transmises aux héritiers, soit parce que le défunt n'en était que le détenteur précaire, soit parce qu'il les en avait détachées par un acte entre vifs ou de dernière volonté. »

Cette formule est le produit d'une longue évolution: l'action de la jurisprudençe n'y a pas été étrangère.

Comme il est facile de s'en convaincre, il y a là une atténuation considérable du principe de la non-distraction, une restriction importante des conséquences que le mot charges, entendu largement, était susceptible de comporter.

En vertu de la formule de l'administration, nous plaçons les servitudes en dehors du champ d'application de la loi. Ce sont des qualités positives ou négatives du fonds : elles en augmentent ou diminuent

(1) Cass. 11 août 1869. Dalloz 70, 1, 153 et la note.

d'autant l'impôt des mutations. C'est un démembrement de la propriété

Nous considérons également comme un démembrement de propriété, comme un droit à part, l'usufruit qui a ses règles spéciales et dont nous avons parlé.

Dans un grand nombre de cas encore le fisc se trouve en face de dettes incontestables de la succession sans avoir le droit d'en comprendre le montant dans la liquidation des droits sucessoraux, et cela en vertu de la théorie administrative sur le sens du mot charges.

Penons un exemple. Une sucession vient à s'ouvrir : elle comprend plusieurs immeubles ruraux d'une valeur de 120000 francs, et 50000 francs de valeurs mobilières. Mais par une disposition de dernière volonté, le de *cujus* a légué a son neveu une maison de 10.000 francs ; d'autre part sa veuve a des reprises à exercer sur la communauté pour 20000 francs ; supposons enfin que le *de cujus* était au moment de sa mort dépositaire de meubles évalués 2000 francs qu'un ami lui avait naguère confiés.

Nous nous trouvons dans cette hypothèse en présence de droits et d'actions qui s'opposent à la transmission libre et franche du patrimoine. Si les reprises de la femme constituaient un passif ordinaire, l'impôt serait exigible sur la moitié de l'actif brut, soit 85,000 francs. Mais du moment que la femme prélève, à titre de copropriétaire et avant tout partage, le montant de ses reprises ou 20,000 francs, il ne restera plus à partager que 170,000 — 20,000 ou 150,000 francs, dont la moitié seulement revient au mari : le droit de mutation par décès ne peut donc être liquidé que sur 75,000 francs. De ces 75.000 francs nous devons en outre déduire le legs de la maison, c'est-à-dire 10,000 francs, pour lesquels le droit sera payé par le légataire et non par les héritiers, en vertu de cette idée que la chose léguée, si elle se retrouve en nature dans la succession, passe de plein droit, au moment même du décès, de la tête du *de cujus* sur celle du légataire sans entrer un seul instant dans le patrimoine des héritiers. Nous déduirons enfin les 2,000 francs, valeur du dépôt confié au défunt et retrouvé dans sa succession.

Disons maintenant quelques mots pour justifier ces exceptions à la non-distraction des charges.

A vrai dire, au point de vue de l'équité, il n'est pas difficile de justifier des exceptions à un principe aussi injuste que celui de la non-déduction du passif héréditaire. Cependant puisque la loi, sévère sans doute, n'en existe pas moins, il s'agit pour l'interprète de mettre d'accord avec les principes fondamentaux du droit ces diverses atténuations que le fisc lui-même a apportées à la loi de frimaire. Toutes, elles découlent de l'idée suivante : le créancier, l'ayant-droit, dans ces hypothèses, a plus qu'une créance ; il a une sorte de co-propriété : le défunt n'est que simple détenteur de la chose.

L'idée s'applique au mandataire, à l'usufruitier, au

créancier gagiste, au tuteur qui a en mains des objets provenant de l'administration des biens de son pupille, au mari qui dirige la communauté, bref, à tous ceux qui, à des titres divers, ont en nature dans leur patrimoine des choses dont la restitution est due à des tiers.

La question des reprises entre époux exige quelques développements. Lorsque les époux mariés en communauté prélèvent le montant de leurs reprises sur les biens communs, ils le font, avons-nous dit, à titre non de créanciers mais de copropriétaires. La conséquence est que le droit de succession dû par les héritiers de l'époux prédécédé, en ce qui concerne les conquêts, se calcule sur la moitié de ces conquêts diminués des reprises du conjoint survivant ; en un mot les reprises ne sont point considérées comme des charges. On les déduit dans le calcul de l'impôt.

Mais il existe d'autres hypothèses où les reprises n'ont plus le même caractère de copropriété, où elles éveillent, au contraire, l'idée d'une créance. Il en est ainsi au cas où les biens de la communauté sont insuffisants pour remplir la femme de ses reprises. Elle devient alors créancière de son mari pour le surplus. D'où la conséquence suivante : les héritiers du mari prédécédé n'ont naturellement rien à payer sur les valeurs communes qui vont toutes à la femme; mais ils ne sont pas admis à déduire des biens propres au défunt la somme dont la succession reste débitrice envers la femme pour le complément de ses reprises.

On rentre ici dans la théorie fiscale des charges héréditaires à raison de la qualité de dette pure et simple.— La femme renonçant à la communauté n'est armée également que d'un droit de créance ordinaire en ce qui concerne ses reprises ; dans cette hypothèse on rentre encore dans la théorie des charges : les reprises de la femme ne seront pas détruites des valeurs de la succession du mari prédécédé. — Pas de déduction des reprises de la femme, en vertu du même raisonnement, sous le régime dotal ou sous tout autre régime exclusif de communauté : la femme n'est pas copropriétaire (1).

Une théorie de droit civil voisine de celle des reprises, la théorie des récompenses entre époux, vient aussi apporter une exception à la non-déduction des charges : quand le défunt doit récompense à la communauté ayant existé entre son conjoint et lui, on considère *a priori* que ses héritiers se libèreront vis-à-vis de l'autre époux *en moins prenant,* ce qui conduit à déduire cette valeur, purement fictive à leur égard, de la part brute leur revenant dans les acquêts.

(1) Le prélèvement des époux sur les biens communs n'a qu'un caractère facultatif : les héritiers de l'époux prédécédé ont le choix, suivant leur convenance, de remplir de ses reprises le conjoint survivant sur les conquêts ou sur les propres de leur auteur. Dans ce dernier cas l'époux survivant obtient la totalité des ses reprises à titre non de copropriétaire, mais de créancier de la succession : dès lors les héritiers ne sont pas autorisés à déduire l'équivalent des reprises, du montant des droits de mutation.

En d'autres termes, la récompense due par le *de cujus* n'est point considérée comme une charge de sa succession : le droit du conjoint survivant à la récompense est, ici encore, une sorte de droit de propriété, à la condition, bien entendu, comme tout à l'heure, qu'il s'exerce sur les conquêts. Si la récompense due par le défunt excède sa part dans les biens de communauté, on retombe dans la définition fiscale de l'expression *charges* : l'époux survivant n'a plus sur les propres du *de cujus* qu'une créance personnelle dont les héritiers ne pourront point déduire le montant, le principe de la non déduction des dettes reprenant alors tout son empire.

Telles sont les plus curieuses atténuations que l'administration de l'enregistrement elle-même se vit contrainte d'accepter, sous peine de contradiction évidente avec le Code civil.

L'administration eut d'ailleurs plusieurs fois l'occasion de condamner en propres termes le principe de la non-déduction du passif héréditaire. En 1880, dans un procès devant la Cour de Cassation, l'agent de l'administration, abandonnant les fictions derrière lesquelles on abrite parfois cette mesure fiscale, prenait, pour ainsi dire, condamnation à la barre de la Cour suprême : « Si la question, disait-il, pouvait être résolue par des considérations d'équité, l'administration ne serait pas à la barre ».

Nous lisons ceci dans un document administratif plus récent : « La non-déduction du passif éveille l'idée d'une violation grave des règles de la justice et de l'égale répartition des charges entre les citoyens. Il est certain que l'application de ce principe entraîne dans des cas trop fréquents, des conséquences que l'équité réprouve et qu'aucune considération ne peut justifier ».

Qui parle ainsi ? C'est le gouvernement lui-même par l'organe de M. Tirard en 1888 ! (1) C'est la première fois que nous trouvons un aveu semblable émanant du gouvernement. Mais depuis lors la formule est sans cesse répétée dans les divers projets postérieurs à celui de M. Tirard, notamment dans le projet déposé en 1894 par M. Poincaré. (2)

Dans le domaine législatif lui-même, le Gouvernement de la Restauration avait, dès les premiers temps, fait subir à la règle une dérogation assez grave. A la vérité, on ne toucha pas à la loi dans la métropole, et cela pour des motifs, surtout financiers, que nous examinerons plus loin ; mais une brèche des plus importantes à la législation en vigueur fut apportée par l'ordonnance du 31 décembre 1828 applicable à la Guadeloupe, à la Martinique et à la Guyane française (3) : « La valeur de la propriété, dit l'article 16 de cette ordonnance, est déterminée pour la liquidation du droit proportionnel... pour les transmissions... qui s'opèrent par décès... par la déclaration estima-

(1) Journal Off. Chambre. Annexes, 1888 p. 545.
(2) Journal Off. Chambre. Annexes, 1894 p. 1242.
(3) **Moniteur. 24 janvier 1829.**

tive des parties, sans distraction des charges, à l'exception seulement de celles qui seraient établies par acte authentique ou ayant date certaine antérieure au décès, faits sans dol ni fraude, et à la charge d'en affirmer l'existence réelle au jour du décès devant le juge de paix, par un acte qui sera annnexé à la déclaration, sur la réquisition qui pourrait en être faite par le préposé de l'enregistrement. »

Le rapport au roi qui précédait l'ordonnance la justifiait ainsi sur ce point : « Le projet, disait M. Hyde de Neuville, s'écarte de la législation de la métropole. C'est une faveur qui a son exemple dans l'ordonnance régissant l'enregistrement à l'île Bourbon. Elle est fondée sur l'équité puisque l'héritier ne profite que de ce qui excède les charges. »

Plus récemment la déduction des dettes a été autorisée pour la liquidation des droits gradués établis par la loi du 28 février 1872, notamment pour la perception du droit gradué sur les sociétés, les contrats de mariage et les partages (1). Ce texte crée ainsi un défaut d'équilibre, un manque d'harmonie dans la législation fiscale.

En résumé la non-déduction du passif héréditaire, en opposition évidente avec l'équité, eut à subir dans le cours de ce siècle diverses atténuations, les unes apportées par le législateur en ce qui concerne nos colonies d'Amérique; les autres, par la jurisprudence,

(1) L. 28 février 1872, art. 1, nos 1, 4, 5.

en vertu de l'idée d'une propriété abstraite portant sur les choses fongibles, et supérieure à un simple droit de créance ; les autres enfin acceptées par l'administration elle-même décidant que les valeurs successorales seront déduites du montant de l'impôt lorsqu'elles sont grevées de droits réels s'opposant à une transmission complète du patrimoine aux mains des héritiers.

Mais ce ne sont là que de simples atténuations. Le principe restait debout. Bien plus, il fut notablement aggravé par la législation postérieure à l'an VII, ainsi que nous aurons l'occasion de le voir plus loin.

CHAPITRE IV

La doctrine et les travaux parlementaires

L'iniquité du principe de la non-distraction des charges posé dans la loi de frimaire ne tarda pas à préoccuper le gouvernement et nos assemblées législatives.

Toutefois on ne s'en prit d'abord qu'à la non-déduction des dettes hypothécaires dont le caractère plus certain, l'existence plus facile à démontrer rend plus difficile l'exercice de la fraude.

Au lendemain presque de la loi de 1816, de cette loi qui élevait le tarif des successions, se manifeste le premier mouvement d'opinion en faveur de l'abrogation du principe de la non distraction des dettes et ce mouvement est assez fort pour amener le baron Louis, alors à la tête de nos finances, à instituer une commission composée de sept membres, du haut personnel de l'enregistrement, pour examiner s'il n'y aurait pas lieu de déduire le passif héréditaire. Or dans sa séance du 10 septembre 1819, la commission se prononçait pour la déduction du passif hypothécaire seul.

Le ministre ayant dû quitter les affaires peu de temps après, à la suite de l'élection de l'abbé Grégoire, la question en resta là, mais on peut dire d'elle qu'elle se trouvait en quelque sorte, à partir de ce moment, à l'ordre du jour de nos parlements. Quatre-vingts ans ont passé, et à mesure que la démocratie faisait des progrès, à mesure aussi apparaissait plus grande l'iniquité d'un droit de mutation perçu sur l'actif brut.

Nous ne savons point quel accueil les Chambres de Louis XVIII réservaient à la proposition du baron Louis, puisque le projet n'eut point l'occasion de leur être soumis ; mais ce que nous savons, c'est que durant tout le cours du siècle, et même sur le terrain des dettes hypothécaires seules, tout le monde, les auteurs, les Chambres, les Ministres, le Conseil d'Etat, ont eu peur de la réforme à raison des difficultés que son exécution pourrait entraîner.

En 1849, un amendement était présenté le 30 janvier à l'Assemblée Nationale au nom de M. Dérodé, représentant du peuple, admettant à la distraction les dettes résultant de titres ayant acquis date certaine avant le décès. L'Assemblée Nationale se partageait en deux camps relativement à la déduction des dettes chirographaires, mais se retrouvait tout entière unie dans une même opinion relativement à la déduction des dettes hypothécaires. Le ministre des finances, Hippolyte Passy, fit cependant rejeter l'amendement par le tableau des obstacles pratiques qu'il dressa devant l'Assemblée avec son éloquence accoutumée (1).

Les partisans de la déduction ne se tiennent pas cependant pour battus. Crémieux, un desleurs, reprend la réforme au courant de la même année, le 15 novembre ; les dettes qu'il propose de déduire sont « les dettes hypothécaires, celles qui résultent soit de jugements, soit d'actes authentiques, soit d'actes sous-seings privés enregistrés ; celles qui sont constatées par des actes non enregistrés, mais ayant date certaine et qui devront être enregistrés en même temps que la déclaration. » M. Gaslonde, membre de l'Assemblée, chargé de présenter un rapport sur la proposition de loi, s'y montre absolument hostile, toujours en se prévalant des fraudes possibles et de l'embarras financier qui résulterait de l'application de la déduction (2).

De semblables préoccupations se retrouvent chez les auteurs dans la même période de temps. L'auteur de l'article « Enregistrement » au répertoire de Dalloz (3) disait en 1851 : « Il y a en matière de muta-

(1) C'est au cours de cette séance du 30 janvier 1849, que M. Dupin, adversaire de la réforme, invoquait à l'appui de sa thèse cette idée que le droit de succession est attaché au seul fait de la mutation de la propriété d'une tête sur une autre. Nous verrons ce qu'il faut penser de cet argument quand nous examinerons les considérations juridiques qui ont été apportées en faveur de la non-déduction.

(2) Moniteur, 1850, p. 294.

(3) Dalloz. Rép. t. XXII p. 388, n° 4454.

tion nécessité de déroger à la règle *non sunt bona* par l'impossibilité de constater le montant des dettes qui grèvent une succession, et par les cons'estations qui n'auraient pas manqué de s'élever sur la sincérité des déclarations à cet égard. »

Dix ans plus tôt, les auteurs du *Traité des Droits d'Enregistrement*, Championnière et Rigaud écrivaient ceci (1) : « Il n'est pas présumable que l'impôt soit jamais assis sur une base moins injuste. La perception est facile et sanctionnée par une longue habitude : elle est supportée patiemment comme un accident rare ».

Ce passage, marqué au coin de l'optimisme, est comme la manifestation des idées en cours dans la doctrine vers 1840 au sujet du passif héréditaire. Il ne faut pas oublier, d'ailleurs, qu'à ce moment les meubles n'étaient encore taxés qu'au quart, et les immeubles au denier 20.

La réforme rejetée en 1850 fut de nouveau reprise en 1864. Cette fois-ci, c'est le gouvernement qui prend en mains la défense de la déduction : il dépose un projet en vue d'autoriser sous certaines restrictions la déduction des dettes hypothécaires inscrites et ayant pour objet une créance certaine et déterminée au jour de l'ouverture de la succession.

Le Conseil d'Etat rejeta la réforme. Il en donna

(1) Championnière et Rigaud. Traité des Droits d'Enregistrement, t. IV, p. 473, n° 3403.

comme raison qu'il était injuste, ainsi que le voulait le projet, d'évaluer les immeubles d'après leur valeur vénale, mesure considérée alors par le gouvernement comme le corollaire nécessaire de la déduction du passif. La véritable raison, celle qui ne fut pas donnée, n'était-elle pas en 1864 comme en 1850, comme en 1849, la série de difficultés que prédisaient à la réforme les adversaires de la distraction ?

Et pourtant la non-déduction des dettes apparaissait de plus en plus inconciliable avec l'équité.

L'opinion publique intervint dans la question. Trois pétitions émanées de particuliers et adressées au Sénat donnèrent lieu en 1869 à un long rapport de M. Quentin-Bauchard, au nom de la Commission chargée de les examiner, concluant au dépôt des pétitions au bureau des renseignements (1).

La même année, dans le compte-rendu des séances de la Commission supérieure de l'Enquête agricole, les intentions de réforme apparaissent également à chaque page, ainsi qu'il nous est facile de le constater dans la publication officielle qui en a été faite ; et M. de Parieu, un des membres les plus en vue du gouvernement, appelé à prendre la parole devant la commission, se montrait partisan de la déduction du passif (2).

(1) *Journal Officiel*, 19 mars 1869, p. 373. Compte-rendu de la séance du 18 mars.

(2). Doc. Généraux, Enquête agricole, 1re série, tome 4, p. 102.

De leur côté, plusieurs des membres de la Commission se signalent entre autres pour réclamer ardemment la réforme au nom de l'équité.

Dans la séance du 18 mars, M. Lacaze dénonçait avec énergie « la violation de l'égalité proportionnelle, qui cause de l'irritation non seulement chez celui qui souffre de l'injustice ; mais chez les autres, chez tout le monde, dans la conscience publique. » M. de Butenval, le 27 avril 1869, adjure les membres du Sénat de voter la réforme. « Il ne s'agit point ici, dit-il, de fantaisies ou de rêves de journalistes ou d'agrologues; il s'agit de l'opinion d'une Commission supérieure composée de membres des trois grands corps de l'Etat, hommes vieillis dans l'étude et le maniement des intérêts publics, de grands propriétaires, de grands agriculteurs, et d'hommes spéciaux dont l'Europe savante connaît et nous envie les noms. » Suivant M. Josseau, « il est de la dignité de l'Etat de maintenir toujours l'équité à côté de la légalité. »

La Commission supérieure de l'Enquête agricole, dans sa séance du 22 février 1870, sur un rapport de M. Josseau, avait émis un vœu ainsi conçu : « Déduire, dans le calcul des droits de mutation par décès, le passif régulièrement établi. »

Quant aux pétitions envoyées par le Sénat au Gouvernement à la suite du rapport de M. Quentin-Bauchard, elles n'eurent aucune suite, à raison des graves évènements politiques qui ne tardèrent pas à se précipiter.

Après 1870 de nombreuses propositions furent faites dans nos assemblées législatives en faveur de la déduction du passif : c'est, notamment, en 1871, une proposition Folliet ; en 1873, un amendement Méline ; en 1874, une proposition Sébert ; en 1876 et en 1880, deux amendements de Gasté ; en 1886, un amendement Raoul Duval. Ce sont surtout des vœux en faveur de la déduction des dettes.

Entre temps deux documents officiels sont publiés dont l'importance est indiscutable. En 1872, M. de Marcère, dans un rapport (1) consacré à la proposition Folliet. démolit une à une les principales objections dressées contre la réforme dont il se fait l'ardent défenseur, et conclut à la distraction du passif ; comme mesures de compensation il propose d'élever de 5 unités le taux de la capitalisation pour les immeubles, et de porter les droits de succession de 8 à 10 0/0 pour les collatéraux, et de 9 à 12 0/0 pour les étrangers. — Un autre document paraît au *Journal Officiel* (2) à la fin de 1880, dont la tendance est tout opposée : c'est le rapport de M. Lelièvre touchant la proposition de Gasté ; M. Lelièvre repousse la réforme en bloc ; il ne veut même pas de la déduction des dettes hypothécaires. Il invoque la fraude toujours aux aguets, et qui ne manquerait pas de s'exercer sur une vaste échelle, si le législateur autorisait la distraction des charges. Sa conclusion est le *statu quo*.

(1) Journal Officiel, 12 mai 1872, p. 3181.
(2) Journal Officiel, 8 décembre 1880, p. 12.076.

Le Gouvernement avait cependant confié, à la fin de 1876, l'examen de la question à une Commission extra-parlementaire présidée par M. Léon Say, ministre des finances. Les travaux de cette Commission furent malheureusement interrompus par les évènements.

Si l'on feuillette les ouvrages doctrinaux écrits à la même époque, on y trouve la trace du progrès qu'ont fait les esprits dans le sens de la déduction du passif.

En 1878, paraît dans la *Revue Générale d'Administration*, puis est publiée sous forme d'opuscule, une étude assez courte sur la déduction des dettes par M. Dubois, professeur d'Enregistrement à Nancy. L'auteur s'y déclare partisan de la distraction des charges, dans une mesure très large : il reproche notamment à la Commission de 1876, d'avoir borné ses vœux à la déduction du passif hypothécaire et dans la ligne directe seule.

Dans la première édition de son *Traité de la Science des finances*, qui parut vers la même époque, M. Leroy-Beaulieu se prononce également pour la réforme dans une courte phrase devenue célèbre, où il dénonce (1) « l'excès de pouvoir, l'outrage à la justice, le monstrueux abus de la force publique » consacré par la loi de frimaire en n'autorisant point la déduction du passif.

A partir de 1886 les idées de réforme semblent faire

(1) 1re Edition, 1878, p. 494, tome 1er. — 6e Edition 1899, p. 580, tome 1er.

un pas de plus. Les projets sont plus complets. Ce ne sont plus de simples vœux. On prévoit les objections ; on s'essaye à y répondre. Toutes les nouvelles propositions depuis cette époque renferment des mesures contre la fraude, et cherchent à combler le déficit budgétaire que causerait la réforme. On procéda d'abord par voie d'amendements au budget, moyen qui semblait le plus rapide pour faire aboutir la question

Le 25 mai 1886, M. Duché, député, et quelques-uns de ses collègues déposaient un amendement au budget de 1887 dans lequel ils réclamaient « pour chaque héritier la déduction de la part qu'il doit supporter dans les dettes à la charge de l'héritage. »

Un autre député, M. Borie, qui devait depuis lors prendre, à la Chambre, une part des plus actives aux diverses discussions sur la matière, réclama de nouveau la réforme en 1887, sous forme d'amendement au budget de 1888. Il demandait la déduction du passif hypothécaire et même chirographaire, pourvu qu'il résultat de titres authentiques ou d'actes sous-seing privé ayant acquis date certaine un an au moins avant le décès.

La Commission du budget de 1888, dont M. Yves Guyot était le rapporteur, adopta l'amendement de M. Borie en l'élargissant un peu. Pour être admis à la déduction, il suffit, en effet, que l'acte sous-seing privé ou authentique constatant les dettes chirographaires soit enregistré au jour de l'ouverture de la succession.

La réforme, cependant n'aboutit pas encore cette fois.

Mais, dès ce moment, ses partisans ne sont plus seulement des membres du Parlement agissant en leur nom personnel ; tous les ministères républicains se sont prononcés, depuis 1889, pour la déduction du passif. Malheureusement des obstacles divers se sont opposés à la réalisation des projets. En un sens il y a eu un avantage à cette longue élaboration de dix années : en passant successivement de la Chambre au Sénat, d'une Commission à une autre Commission, le projet, d'abord restreint, timide, incertain, s'est peu à peu développé, précisé, amélioré.

Le 27 mars 1888, M. Tirard, alors ministre des finances, déposait sur le bureau de la Chambre un projet (1) rédigé par une Commission extra-parlementaire qui avait à sa tête M. Boulanger.

La déduction était admise pour « toutes les dettes en capital, liquides lors de l'ouverture de la sucession et résultant d'actes authentiques, de jugements et d'actes sous-seings privés enregistrés avant cette époque ». C'est en quelque sorte la proposition Borie, élargie par la Commission du Budget de 1888, qui est reprise par le Gouvernement.

Mais le projet Tirard présente deux particularités :

(1) Chambre. Annexes, Journal Officiel 1888, p. 545.

Il cherche à combler le déficit creusé par la distraction des charges, en proposant une série de réformes établissant des impôts nouveaux ou augmentant ceux déjà existants ; on y trouve notamment une majoration des tarifs successoraux en dehors de la ligne directe, idée que nous avons déjà rencontrée dans le rapport de M. de Marcère en 1872. La seconde particularité, c'est que la déduction n'est que facultative. M. Tirard mettait les contribuables dans l'alternative de rester dans le *statu quo*, ou de demander à payer l'impôt sur l'actif net, mais à condition, dans ce cas, pour les immeubles compris dans la succession, de subir les droits d'après la valeur vénale et non point, comme le décide la loi de frimaire, d'après une valeur égale au revenu multiplié par un certain taux.

Les pouvoirs de la Chambre expirèrent avant le vote du projet. M. Tirard lui-même quitta bientôt le ministère. M. Rouvier, qui le remplaça, reprit son projet et le déposa le 28 novembre 1889 sur le bureau de la nouvelle Chambre.

La Commission chargée d'examiner le projet du gouvernement ayant choisi M. Jamais comme rapporteur, celui-ci terminait son travail dès le mois de mars 1890 (1). Il supprimait le droit d'option, se ralliant à la perception sur la valeur vénale, avec une exception cependant pour le cas où la valeur vénale

(1) Rapport présenté le 27 mars 1890 à la Chambre des Députés. Journal officiel, 1890, chambre, annexes, p. 845.

se trouverait inférieure à la valeur obtenue par le système des lois de l'an VII et de 1875.

Malgré cette dernière disposition qui ne peut être justifiée que par l'intérêt du Trésor, le projet fut voté le 12 mars 1891 par la Chambre des Députés (1). La discussion porta surtout sur la substitution de la valeur vénale à la capitalisation du revenu que M. Raiberti défendit notamment.

A la suite de ce vote la Commission n'en poursuivit pas moins ses travaux dont on trouve le résultat dans l'exposé fait le 4 juillet 1892 par son nouveau rapporteur, M. Boudenoot (2). La réforme y est largement étendue : la déduction admise jusque là pour le capital seul est proposée pour les intérêts et arrérages du terme courant ; et il suffit que les dettes soient liquides non pas au jour du décès, mais seulement au jour de la déclaration de la succession. Bien plus, elle est autorisée même pour les dettes résultant de simples conventions verbales enregistrées un mois au moins avant le décès. La Commission conservait cependant pour l'évaluation des immeubles le principe assez étroit voté par la Chambre.

Un rapport de M. Dupuy-Dutemps, sur une proposition émanée de M. Maujan, député, aboutissait à la même époque à des conclusions semblables.

En résumé dans le cours de la cinquième législa-

(1) On exigea toutefois, par crainte de la fraude, l'enregistrement des titres trois mois au moins à l'avance (art 1er in fine).
(2) Journ. offic. 1892. Chambre, annexes, p, 1474 s.

ture, entre le projet Tirard repris par M. Rouvier et le rapport de M. Dupuy-Dutemps de juillet 1892, quatre années s'étaient écoulées durant lesquelles la question de la déduction du passif avait fait des progrès énormes. Il semble qu'une fois dans cette voie il n'y avait plus à revenir en arrière.

Cependant la crainte de la fraude, qui avait en 1849 préoccupé si fort Hippolyte Passy, devait de nouveau susciter des obstacles à la réforme.

M. Burdeau, ministre des finances en 1894, déposait le 8 février au nom du Gouvernement un projet dans lequel on n'admet plus à la déduction que les dettes liquides au jour de l'ouverture (et non de la déclaration) de la succession, et établies à cette époque par des actes authentiques ou des jugements.

M. Burdeau ayant quitté les affaires, on retrouve la même disposition restrictive dans le projet déposé le 24 juillet 1894 (1) par le nouveau ministre des finances, M. Poincaré, qui exige même pour les actes authentiques qu'ils soient antérieurs d'un mois au décès. Dans l'intervalle, cependant, la Commission spéciale de la Chambre, chargée de l'examen du projet de M. Burdeau, par l'organe de son rapporteur M. Dupuy-Dutemps, s'était de nouveau prononcée dans un sens plus libéral que le gouvernement, en admettant à la déduction les actes sous-seing privé enregistrés (2).

(1) Journ. off. Chambre. Annexes, 1894, p. 1242.

(2) Rapport Dupuy-Dutemps, 5 juillet 1894, Journal officiel, 1894, Chambre. Annexes, p. 1474.

M. Poincaré, pas plus que M. Burdeau, ne veut les déduire. La raison qu'il en donne est que l'acte sous-seing privé se prête à la fraude. Sans doute, dit-il, en bonne logique la déduction devrait s'y étendre. Mais il vaut mieux à son avis renfermer la réforme dans des limites assez étroites, faire une première expérience de la déduction du passif résultant d'actes authentiques ou de jugements. « Après cela, ajoute-t-il, un nouveau pas pourra être fait, et on verra à autoriser la déduction des dettes résultant d'actes sous signatures privées ». Le projet ne constitue donc à ses yeux qu'une mesure provisoire, une expérience, suivant son expression. Quant à l'évaluation des immeubles l'art. 4 du projet, s'inspirant de l'art. 8 du projet de M. Burdeau, substitue la valeur vénale au revenu capitalisé ; mais toujours avec cette restriction que « la valeur imposable actuelle reprend sa place toutes les fois qu'elle excède la valeur vénale ».

Reproduit dans le rapport présenté le 10 novembre 1894 (1) à la Chambre par la Commission du budget, le projet de M. Poincaré fut considérablement élargi et modifié par l'intervention de son successeur, M. Ribot. S'inspirant de l'étranger, notamment de l'Angleterre, de l'Alsace-Lorraine et de la Belgique, M. Ribot a pensé qu'il y avait lieu d'étendre la réforme et il l'a étendue aux dettes civiles résultant soit de ju-

(1) Rapport présenté au nom de la Commission du budget par M. Doumer. J. off. Chambre, annexes, p. 1481.

gements soit d'actes authentiques, soit d'actes sous-seing privé enregistrés et même non enregistrés, à la condition qu'ils fussent susceptibles de former titre en justice. Voilà pour les dettes civiles. Quant aux dettes commerciales il les admet à déduction sous la condition qu'elles soient prouvées par les livres de commerce (1).

Ce fut M. Doumer, ministre des finances après M. Ribot, qui fit voter à la Chambre ces dispositions libérales le 22 novembre 1895, après une assez longue discussion. Ce qui était surtout en jeu, ce n'était pas la déduction du passif en elle-même sur laquelle tout le monde était d'accord, c'était la question délicate des ressources devant faire face au déficit causé par la réforme. Le Ministre proposait en effet d'inscrire dans la nouvelle loi le principe d'un tarif progressif d'après l'importance des valeurs transmises. La Chambre des députés se prononça en ce sens, non sans une longue discussion.

Quoiqu'il en soit, la partie du projet relative à la déduction du passif fut votée par la Chambre dans les termes proposés par le gouvernement. Puis le projet fut confié à l'étude d'une commission spéciale du Sénat qui, dans la matière de la déduction, fit subir au texte voté par la Chambre quelques modifications de

(1) Voir ce projet tel qu'il est exposé dans le rapport supplémentaire de M. Doumer du 22 octobre 1895. Annexes, p. 895.

(2) Rapport présenté au Sénat le 9 juillet 1896 par M. Cordelet. (Annexes, p. 283).

détail, laissant intactes les grandes lignes du projet (2). Quant aux tarifs progressifs, la Commission les repoussa. Elle fut battue en séance publique du Sénat le 7 février 1898 à huit voix de majorité (1) et le Sénat a admis le système de la progression. Mais au système de M. Doumer inscrit dans le projet, accepté par la Chambre, la Haute Assemblée a substitué un système plus modéré de progression dû à M. Poincaré. Il n'en est pas moins vrai que la proportionnalité se trouve sacrifiée à la progression. Les modérés comptaient sur le Sénat ; et le Sénat, tout en modérant l'application, a cédé sur le principe. A la suite de ce vote, plusieurs membres de la Commission donnèrent leur démission ; mais les nouveaux membres élus acceptèrent de se ranger à l'opinion de la majorité.

Sur le point qui nous intéresse, de la déduction du passif, le Sénat n'eut pas l'occasion de se prononcer en février 1898 ; mais la Commission continua cependant à introduire dans son projet primitif certaines améliorations de détail consignées dans un rapport supplémentaire de M. Dauphin (2).

La suite de la première délibération ayant été reprise par le Sénat le 2 mars 1900, l'assemblée vota dans cette séance la partie du projet de loi sur les successions relative à la déduction du passif.

(1) 139 voix contre 131.

(2) Rapport déposé le 12 Juillet 1898. Journal Officiel. Sénat, Annexes 1898 p. 526.

La question en est là.

Malgré l'amendement déposé par MM. Klotz et Puech, portant incorporation au Budget de 1900 de la nouvelle loi des successions, malgré la décision prise le 10 mars 1900 par la Commission du budget d'incorporer la réforme à la loi de finances, la Chambre des Députés dans sa séance du 12 mars 1900, s'est prononcée pour la disjonction.

Avec nos mœurs parlementaires, il est fortement à craindre que le cabinet n'est pas encore né, qui aura l'honneur de faire voter définitivement la réforme du passif héréditaire.

On a tort, d'ailleurs, dans une réforme comme celle-ci où l'on a pour soi de si puissantes raisons d'équité, de mêler à la matière des questions étrangères, de chercher la rançon des dégrèvements qui s'imposent, et de reculer ainsi indéfiniment l'adoption d'une mesure, désirable non seulement au point de vue des principes juridiques sainement entendus, mais encore au point de vue des notions les plus élémentaire de la justice fiscale.

CHAPITRE V

Les aggravations du principe de la non-déduction au cours du XIXe siècle

---

La loi de l'an VII avait surtout en vue le relèvement des finances. Les lois postérieures furent toutes inspirées du même but. Ne nous attendons point en conséquence à y trouver un adoucissement aux rigueurs des textes du Directoire.

A mesure que le XIXe siècle s'avançait, à mesure également augmentaient les charges publiques, et les impôts s'en ressentirent fatalement. Or de tous les impôts, celui qui se prête peut-être le plus facilement par sa nature aux augmentations possibles, c'est à coup sûr l'impôt des mutations par décès. Celui qui paie l'impôt faisant, malgré tout, un bénéfice purement gratuit, le législateur a, par là même, une tendance plus forte à le surcharger.

Les divers gouvernements qui se sont succédé depuis 1816 n'ont point manqué cette occasion et l'évolution des droits d'enregistrement au XIXe siècle a toujours été dans le sens de l'accroissement.

Aussi bien, les diverses atténuations au principe de la non-distraction des charges qui se trouvaient dans la loi de frimaire ont peu à peu disparu dans la législation postérieure.

Le tarif des successions en ligne directe, bien qu'augmenté indirectement par la voie des décimes, resta et reste encore fixé à 1 0/0. Mais les successions entre collatéraux et étrangers passèrent dans les lois de 1816 et de 1832 (1) d'un maximum de 5 0/0 à un maximum de 9 0/0 auquel s'ajoutent les décimes.

Le tarif des meubles était en 1799 du quart de celui des immeubles ; et c'était cependant une aggravation pour l'époque, puisque les successions mobilières dans l'ancien droit échappaient à l'impôt. La loi du 18 mai 1850 dans son article 10, n'en porta pas moins ce taux à 4 fois plus, l'assimilant ainsi au tarif des successions immobilières. L'exemption des rentes sur l'Etat a disparu dans la même loi (art. 7).

En l'an VII les valeurs étrangères échappaient au fisc : la loi de 1850 y soumet les fonds publics étrangers et les *actions* des sociétés étrangères dépendant d'une succession régie par la loi française. La loi du 13 mai 1863 taxe les *obligations* des mêmes sociétés. Celle du 23 août 1871 vise les créances, parts d'intérêts, obligations des provinces et des villes, et généralement toutes les valeurs mobilières étrangères.

Les besoins du gouvernement ayant augmenté

(1) Art. 53. l. 28 avril 1816. Art 33. l. 21 avril 1832.

à la suite de la guerre, la loi du 28 février 1872 (art. 1er : 5° et 6°) créa un nouveau droit dit *gradué*. Ce droit qui peut monter à une somme indéfiniment élevée remplace le simple droit fixe de 3 ou de 5 francs en plusieurs cas, dont quelques-uns, les partages, les délivrances de legs notamment, sont relatifs aux successions. — En 1875, la loi du 21 juin dans son art. 1er § 6, fixa l'évaluation des meubles, d'après les ventes ou autres actes qui dans le délai de deux ans après l'ouverture de la succession en fourniraient une estimation plus élevée. La loi supprimait ainsi la faveur accordée par l'art. 14 § 8 de la loi de frimaire, lequel texte évaluait les meubles à l'estimation donnée par les parties, sous peine du droit en sus pour insuffisance constatée. Déjà pour les valeurs se négociant à la Bourse, les lois du 18 juillet 1836, art. 6. et du 18 mai 1850, art. 7, avaient remplacé la déclaration estimative des parties par le cours moyen de la Bourse. Avec le système de 1875, il n'y a plus à craindre de déclarations de meubles dans le genre de celle dont on parlait au Sénat en 1869 émanant d'héritiers qui avaient déclaré pour une somme de 500 francs des médailles dont, quelques mois plus tard, ils trouvaient à se dessaisir pour 50,000 francs.

En un mot, le domaine de la loi fiscale s'élargissait de jour en jour, et le principe de la non-distraction des charges n'en restait pas moins debout. On l'aggravait indirectement en frappant les successions dans une proportion de plus en plus forte. Si l'opinion, en l'an VII, pouvait à la rigueur accepter une sorte de compromis législatif en se laissant imposer pour les charges, à raison de la faveur accordée alors aux valeurs mobilières, combien différente était la situation créée par ces lois postérieures qui faisaient peser sur les épaules des héritiers un fardeau de plus en plus lourd.

Même aggravation d'ailleurs en matière d'immeubles. Leur évaluation était portée uniformément par la loi de frimaire à 20 fois le produit de leur revenu. L'art. 1er § 5 de la loi du 21 juin 1875 augmente cette capitalisation de 5 unités en ce qui concerne les immeubles ruraux, c'est-à-dire ceux dont le revenu plus faible donnait une valeur locative trop inférieure à leur valeur vénale.

A cette rigueur de plus en plus grande de la loi fiscale correspond dans les faits un accroissement de plus en plus considérable des dettes hypothécaires et chirographaires.

Les auteurs de la loi de l'an VII eux-mêmes seraient les premiers, dans l'état actuel des faits, à réclamer l'abrogation du principe posé par eux, tellement les conséquences qu'il comporte aujourd'hui sont différentes de celles qu'il était susceptible d'entraîner à son origine. Ils ont d'ailleurs prévu qu'un jour viendrait où par suite des malheurs des temps, la règle qu'ils édictaient deviendrait très rigoureuse. C'est ainsi que dans les travaux préparatoires de la loi de frimaire, nous voyons l'un des partisans les plus convaincus de la non distraction des charges,

Crétet, supposant qu'un jour la portion mobilière des successions pourrait être assujettie au même droit que les immeubles, déclarer que « la contribution serait alors très inégale ».

Occupons-nous d'abord de la dette hypothécaire.

Il est très difficile d'évaluer exactement le montant de la dette hypothécaire à cause de la confusion des inscriptions de privilège du vendeur avec les autres inscriptions et de la non-radiation des 4/5 des dettes remboursées. Il y a aussi une foule d'inscriptions judiciaires prises sur tous les biens et qui cependant ne correspondent qu'à des dettes bien inférieures à la valeur de ces biens. Ne voit-on pas également des inscriptions prises au nom de femmes ou de mineurs qui finissent par tomber à rien lorsque la liquidation arrive ?

Le montant des inscriptions n'est donc pas l'indice certain du montant de la dette hypothécaire. Quoi qu'il en soit, dans une note adressée le 14 mai 1877 à la Commission chargée de l'examen des questions relatives à la déduction du passif dans les d[illegible]rations de successions, M. Levavasseur, alors directeur de l'Enregistrement, estimait que la dette hypothécaire s'élevait (non compris les dettes remboursées et non radiées évaluées à 6 milliards) à 14,369,096,000 francs dont 832,096,000 dûs au Crédit Foncier. C'est d'après les états récapitulatifs dressés par les directeurs des contributions, après enquête des conservateurs, c'est-à-dire dans les meilleures conditions possibles de garantie, que M. Levavasseur établissait son chiffre.

En 1840 un travail analogue évaluait la dette hypothécaire à 12 milliards 500 millions, au lieu des 19 milliards de 1877. En 37 ans la dette avait donc augmenté de plus de 7 milliards. « Depuis 1877 il résulte des chiffres des inscriptions sur lesquelles a été perçu le droit d'enregistrement qu'un mouvement ascensionnel s'est produit jusqu'en 1882. mais qu'au contraire un mouvement de décroissance a eu lieu jusqu'en 1893 où l'on trouve à peu près le même chiffre qu'en 1879 (1) ».

Quoiqu'il en soit, l'examen des statistiques dressées par l'administration de l'enregistrement prouve une chose : l'augmentation de la dette hypothécaire dans une proportion de plus d'un 1/3 durant la seconde moitié de ce siècle.

Il y en a plusieurs raisons.

Un grand nombre d'inscriptions ont pour objet la garantie de prix de veute d'immeubles non payés comptant. Ces inscriptions sont prises d'office par les conservateurs lors de la transcription des contrats d'aliénation. Depuis la loi de 1855, le nombre de ces inscriptions d'office a considérablement augmenté, en vertu de la disposition de cette loi subordonnant la

(1) Ces derniers renseignements sont donnés par M. Deschanel dans son discours à la Chambre des députés du 10 juillet 1897.

transmission de la propriété à la formalité de la transcription.

Ajoutez à cela la fréquence de plus en plus grande des transactions, l'accroissement de la valeur vénale et du prix d'acquisition des immeubles soit à cause du développement de la richesse publique, soit par suite de la dépréciation du numéraire ou du morcellement des propriétés Le montant des frais et des accessoires, de plus en plus élevé, est venu s'ajouter également au principal des créances pour en accroître le chiffre.

A cette augmentation de plus en plus forte du passif hypothécaire correspond fatalement une iniqufté de plus en plus insupportable et pénible dans l'application de la théorie fiscale de la non-distraction des charges.

La déduction du passif hypothécaire, d'ailleurs, n'est pas seulement conforme à l'équité ; elle est encore d'une bonne politique. Il est en effet contraire à l'intérêt de l'Etat sagement entendu de tracasser les débiteurs hypothécaires par des mesures fiscales trop sévères. Dans son cours à l'École des Sciences politiques, M. Flach, professeur au Collège de France, a pu dire en effet, avec raison, de l'hypothèque, « qu'elle est plutôt un signe de prospérité que l'indice d'un mauvais état de choses. »

Et dans son discours du 10 juillet 1897, sur la crise agricole, M. Paul Deschanel citait à la Chambre l'exemple suivant à l'appui de la même thèse :

« Voici, disait-il, un homme qui, pendant des années, a amassé sou à sou un petit pécule ; enfin, il va pouvoir acheter cette terre, objet de ses espérances et de ses ambitions ; mais il n'a pas assez encore pour payer tout ; il donne ce qu'il a ; et pour le reste, confiant dans son courage, dans son économie, dans sa sobriété, il se fait faire crédit ; puis un peu plus tard, quand il a réussi à se libérer, il recommence. L'hypothèque est donc l'instrument de tous les petits créateurs de propriété, le levier de leurs efforts, la clef de leurs combinaisons. »

Il n'y a pas à s'alarmer, par conséquent, de l'accroissement de la dette hypothécaire en lui-même ; il y aurait plutôt à déplorer des mesures, dans le genre de celle de la non-déduction du passif, qui surchargent au delà des forces humaines l'homme qui lutte avec tout ce qu'il a d'intelligence et de volonté pour rendre sa situation meilleure, notamment en acquérant le petit lopin de terre capable de le nourrir, lui et ses enfants.

L'augmentation rapide de la dette chirographaire, à laquelle nous arrivons, n'est pas plus que celle de la dette hypothécaire un signe de crise pour le peuple chez qui ce phénomène se produit. Elle est plutôt la manifestation de l'industrie, de l'initiative et du bien-être d'une nation qu'elle n'est la marque de sa pauvreté, de sa gêne ou de sa décadence.

Pour la dette chirographaire comme pour la dette hypothécaire, nous ne pouvons pas arriver à un calcul précis. On peut aller à l'enregistrement et voir le nombre des actes authentiques enregistrés ; mais d'une part cela est loin d'indiquer toute la dette chirographaire ; d'autre part l'acte authentique constate bien l'enregistrement d'une obligation mais rien ne prouve que l'obligation n'a pas été éteinte.

Cependant personne ne peut contester qu'à un développement plus intense des transactions commerciales correspond un passif plus important. De même que l'on reconnaît les bonnes maisons de commerce à ce signe qu'elles ont plus de fonds en roulement, et qu'à un actif plus fort répond un passif plus fort également ; de même une nation est d'autant plus prospère que dans son sein l'argent circule plus facilement, que les entreprises financières, commerciales, industrielles y sont plus développées. En face d'une circulation monétaire plus active, signe de richesse, doit se trouver un passif chirographaire plus considérable.

Il n'est donc pas téméraire d'affirmer que, depuis le commencement du siècle, le chiffre auquel on peut évaluer en France la dette, soit chirographaire, soit hypothécaire, s'est notablement accru.

La non-distraction des charges, qu'on pouvait en l'an VII essayer de défendre, sans parvenir toutefois à la justifier, la non distraction est donc arrivée dans l'état actuel des faits, à réunir contre elle des objections des plus fortes ; et ce ne sont pas les moindres que celles tirées de cette période de cent ans, où la sévérité, de plus en plus accentuée, d'une législation fiscale avide d'impôts, se trouve jointe au développement du commerce et des transactions immobilières ; de sorte que la dette en France a grandi rencontrant en face d'elle un législateur de plus en plus impitoyable.

Il est regrettable que notre droit fiscal ne se soit pas adapté sur ce point aux changements qui se sont manifestés dans la production et dans la distribution des richesses.

CHAPITRE VI

Les législations étrangères

Nous plaçant toujours sur le terrain des faits et considérant les législations étrangères sur la matière du passif heréditaire, nous constatons que toutes, sauf celles de Zurich et de Monaco, consacrent une solution libérale (1).

Cet accord quasi-unanime du droit fiscal européen, s'ajoutant à l'exposé des incertitudes et des doutes qui ont préoccupé en France pendant tout un siècle l'administration, la jurisprudence, les assemblées législatives, est bien fait pour terminer l'étude historique du principe de la non-déduction du passif héréditaire pendant le XIX° siècle.

(1) Etude de l'administration de l'enregistrement. Bull. de statist. et de législ. comparée, août 1888, p. 187. L'administration y reconnait que pour les pays de l'Europe « en dehors de la France il n'y a que deux Etats où la déduction du passif ne soit pas inscrite dans la loi pour le calcul de l'impôt sur les successions : ce sont la principauté de Monaco et le canton de Zurich ».

Deux peuples voisins de nous obéirent instinctivement, chacun de leur côté, au mouvement qui devait les conduire à la perception de l'impôt successoral sur l'actif net. Les vicissitudes des législations belge et italienne (car il s'agit de la Belgique et de l'Italie dont le modèle pour le droit fiscal était la loi de frimaire), les vicissitudes de ces deux pays sont d'autant plus intéressantes que. partis du principe inique de l'an VII, ils ont abouti depuis longtemps à une législation libérale à laquelle nous ne sommes point encore arrivés.

Longtemps réunie à la France à la suite des victoires de la République, province française sous le premier Empire, la Belgique eut notre code civil, notre loi de frimaire, nos impôts. Quant au principe de la non-distraction des charges, il est facile de se rendre compte que c'est à contre-cœur que les Belges le subirent tout le temps que dura l'annexion de leur pays, puisque, dès 1814, époque où la Belgique fut détachée de la France, leur premier soin fut d'effacer ce texte de leur législation.

La loi du 27 décembre 1817 commença par supprimer l'impôt sur les successions en ligne directe, ne conservant de taxes que pour les successions collatérales où la déduction de toutes les dettes en général était autorisée. Les exigences financières grandissant de jour en jour, on se trouva amené en 1851 (loi du 17 décembre) à étendre l'impôt aux successions directes et à celles dévolues au conjoint ayant un ou plusieurs enfants issus de son union avec le défunt, lesquelles successions étaient exemptées en 1817 (1). En réalité il y eut toujours une différence entre ces successions et les successions collatérales, en ce sens que la loi de 1851, relativement aux héritiers qu'elle visait, ne leur faisait point payer d'impôt pour lés meubles, mais seulement pour les immeubles situés en Belgique et pour les rentes ou créances hypothéquées sur ces immeubles. Or dans la mesure où l'impôt était établi, s'appliquait en 1851 comme en 1817 la règle libérale de la déduction du passif.

Le législateur belge crut cependant nécessaire, en cette matière, de mettre une certaine barrière en face des entreprises faciles à prévoir d'une fraude toujours à l'affût. C'est ainsi que la loi n'autorise point les héritiers à opposer au fisc l'existence de certaines dettes comme les dettes hypothécaires dont l'inscription est périmée depuis un an, ou les dettes reconnues par le défunt au profit de ses héritiers, donataires ou logataires, si elles ne sont constatées par des actes enregistrés trois mois au moins avant le décès ; on n'admet pas davantage au passif les intérêts des dettes hypothécaires au delà de trois ans ; ceux des dettes non hypothécaires ; les loyers des fermages au delà de deux ans, et les dettes concernant la dépense do-

(1) Pour ne pas trop effrayer le contribuable, on évita d'appeler cette taxe nouvelle un droit de succession ; on la qualifia de droit de mutation.

mestique au delà de l'année échue et de l'année courante.

Malgré ces exceptions le principe de la loi belge reste celui de la déduction du passif héréditaire, l'art. 18 de la loi de 1817, posant comme règle que « le droit « de succession est assis sur le montant net de ce « que chacun recueille ou acquiert, déduction faite « de la part qu'il doit supporter dans les dettes. » Les dettes dont la déduction est admise, ce sont les charges constatées par des preuves légales ; ce sont aussi les dettes professionnelles, les dettes relatives à la dépense domestique, les impôts, les frais funéraires.

En Italie, comme en Belgique, le modèle était la loi de frimaire. Des changements y furent également apportés ; mais il faut, pour cela, attendre l'unification italienne. La réforme se fit par une série de lois de 1862 à 1870, codifiées dans un texte unique, le décret-loi du 13 septembre 1874.

En principe la loi italienne admet la déduction du passif. Elle ne demande à l'héritier la taxe successorale sur l'ensemble du patrimoine, qu'après en avoir soustrait les dettes hypothécaires frappant les immeubles sis dans le royaume, les dettes certaines et liquides résultant d'actes publics ou de jugements antérieurs à l'ouverture de la succession ou même d'un écrit sous-seing privé enregistré avant cette ouverture, les dettes du commerce exercé dans le royaume.

Par suite des termes restrictifs du texte, l'impôt

des successions porte au contraire sur les dettes purement éventuelles comme celles de garantie, les dettes verbales, celles qui résultent même de jugements, s'ils sont rendus après l'ouverture de la succession, enfin les dettes résultant d'actes sous-seing privé non enregistrés avant cette ouverture, quand même ils auraient date certaine antérieure. Un article spécial autorise la déduction des frais de dernière maladie pendant six mois, et des frais funéraires.

A cette première restriction de la loi italienne divisant les dettes en deux catégories au point de vue de la déduction, s'en ajoute une seconde imposant aux déclarations du passif déductible certaines mesures en vue de donner des garanties au fisc. Pour les dettes civiles, l'héritier doit produire le titre de son obligation, soit en original, soit en copie ; il doit y joindre une déclaration visée par un notaire et signée non seulement de lui, mais encore des créanciers ou de leurs ayants-droit, dans laquelle ils attestent que la dette existait réellement en tout ou en partie lors du décès du débiteur. Les déclarations fausses sont punies du quintuple du droit que l'on a essayé d'éviter, et tous ceux qui ont signé la déclaration en sont tenus solidairement, le tout sans préjudice des sanctions pénales (1). — Pour les dettes commerciales, elles sont justifiées par la production des livres du débiteur tenus conformément à la loi.

(1) Loi 13 septembre 1874, art. 53, 56.

Le principe italien n'en reste pas moins celui de la déduction du passif héréditaire.

Une autre nation latine, l'Espagne, admet aussi la déduction des dettes. Sa législation sur ce point est toute récente : elle date du 25 septembre 1892. La déduction s'étend à toutes les dettes certaines dont l'existence résulte d'actes publics ou d'autres documents d'une légitimité non douteuse.

Les peuples de race germanique consacrent également dans leur code de l'enregistrement la distraction des charges héréditaires. Leurs lois ont même ceci de particulier qu'elles sont, pour la plupart, plus libérales que les lois belge et italienne : elles correspondent à l'idée que ces peuples se font de l'impôt des successions.

La loi prussienne du 30 mai 1873 (1) dans sa définition de l'*erbschaftssteuer* (impôt des successions) dit en effet que « cette taxe doit porter sur le montant de ce dont les héritiers s'enrichissent. » Or dans la limite du passif héréditaire, il n'y a point d'enrichissement pour l'héritier. Donc l'impôt ne doit pas frapper le passif.

En vertu de cette idée la loi prussienne est large quant à la distraction des charges : outre les dettes proprement dites, elle admet à la déduction les frais funéraires et de dernière maladie, les frais judiciaires et extra-judiciaires occasionnés par la transmission

(1) Annuaire de législation étrangère. Année 1873, p. 132.

même de la succession, ceux des procédures faites dans l'intérêt de la masse, les legs, les usufruits, etc..., en un mot toutes les dettes et charges sans restriction. D'après l'art. 5 de la même loi de 1873 l'impôt ne frappe qu'une chose étrangère à l'actif net : les frais des procédures faites entre les intéressés dans leur intérêt particulier, et le montant même de l'impôt des successions. Pour cette dernière charge, on ne s'explique par aucune bonne raison l'échec apporté à la règle générale.

Tous les Etats saxons consacrent la déduction au sens large de la loi prussienne : ainsi les royaumes de Bavière, de Saxe et de Wurtemberg, le grand-duché de Bade, pour ne citer que les plus importants.

La loi autrichienne (1) renferme également des dispositions libérales : toutes les dettes reconnues d'une manière digne de foi (glaubwürdig) y viennent en déduction, même les frais funéraires et de dernière maladie.

En Alsace-Lorraine, toujours en vertu de la même idée, ce n'est pas seulement la déduction des dettes, c'est la distraction des charges en général que le législateur en 1889 (loi du 12 juin) y a consacrée.

Toutes les dettes et charges, quelle qu'en soit la nature, sont admises à déduction ; mais l'administration trouve dans la loi des garanties considérables ; elle a le droit d'exiger toutes les justifications qui lui

(1) Gebuhrengesetz, 9 fév. 1850, art. 57 et 58.

paraissent nécessaires pour en établir l'existence et la sincérité (déclarations à faire, documents à fournir, serment à prêter, etc..., art. 25, 28, 29). En outre, en Alsace-Lorraine il y a le Casier financier qui centralise, entre les mains du Directeur des Douanes et Contributions indirectes à Strasbourg, tous les renseignements sans exception concernant la fortune de l'un des propriétaires ou de l'un des habitants de l'Alsace-Lorraine, même des achats et ventes de valeurs de Bourse. Cette police financière est, avec la responsabilité des notaires, qui sont les agents ordinaires des déclarations, le moyen le plus efficace pour prévenir la fraude. Les notaires sont, en Alsace-Lorraine, de véritables fonctionnaires publics nommés par l'empereur et révocables *ad nutum*.

Pour compléter notre tableau des législations étrangères, il reste un mot à dire de l'Europe Orientale et de l'Angleterre.

En Russie et en Roumanie la loi fait porter l'impôt successoral sur le patrimoine, déduction faite de toutes les dettes même commerciales.

Quant à la loi anglaise, elle autorise la déduction immédiate des frais funéraires raisonnables et des dettes justifiées. Cette règle est d'autant plus remarquable en Angleterre que la législation anglaise en matière de succession est très compliquée et souvent injuste.

« Si jamais, disait le 15 avril 1889, M. Goschen, chancelier de l'Echiquier, si jamais il est donné à un chancelier de l'Echiquier de faire pénétrer la lumière, la logique et la justice dans cette obscure question des taxes successorales, ce sera un beau fleuron pour sa couronne. »

La déduction du passif est actuellement posée dans la loi de finances de 1894, art. 1er. Le texte est assez compliqué d'ailleurs. Le voici dans ses termes :

« En déterminant la valeur d'une fortune en vue du droit sur la propriété, il sera fait déduction des frais funéraires raisonnables et des dettes et charges; mais il ne sera pas fait de déduction :

a) Pour les dettes contractées par le défunt ou les charges créées par une disposition faite par le défunt, à moins que ces dettes et charges n'aient été contractées ou créées de bonne foi, complètement en argent ou valeur d'argent, entièrement pour l'usage et au profit du défunt et dans son intérêt.

b) Pour toutes les dettes pour lesquelles il y a droit à remboursement de la part d'une autre propriété ou personne, à moins que ce remboursement ne puisse pas être obtenu.

c) Plus d'une fois pour la même dette ou charge grevant différentes portions de la fortune.

Et toute dette ou charge pour laquelle une déduction est permise, sera déduite de la valeur du terrain, ou autre objet de propriété qui en est grevé (1). »

(1) Ce texte se trouve reproduit dans le rapport de M. Cordelet de 1896. Sénat Annexes, 1896, p. 283.

APPENDICE

Le projet de réforme le plus récent, tel qu'il a été adopté en première délibération par le Sénat le 2 mars 1900.

Art. 2. (du projet d'ensemble sur les successions). — Pour la liquidation et le paiement des droits de mutation par décès, seront déduites les dettes à la charge du défunt dont l'existence, au jour de l'ouverture de la succession, sera dûment justifiée, savoir : pour les dettes civiles, par des titres susceptibles de faire foi en justice contre le défunt ; pour les dettes de commerce, par ses livres de commerce. Les dettes contractées par des non-commerçants et relatives au commerce de ces derniers pourront à défaut de titre, être justifiées par les livres de commerce du créancier. (Suit un second alinéa spécial au cas où la propriété se dédouble en nue propriété et en usufruit).

Art. 3. — Les dettes dont la déduction sera demandée seront détaillées article par article, dans un inventaire sur papier non timbré, qui sera déposé au bureau lors de la déclaration de la succession et certifié par le déposant.

A l'appui de leur demande en déduction, les héritiers ou leurs représentants devront indiquer soit la date de l'acte, le nom et la résidence de l'officier public qui l'a reçu, soit la date du jugement et la juridiction dont il émane ; ils devront représenter tous les autres titres ou en reproduire une copie collationnée sur papier non timbré. Le créancier ne pourra, sous peine de dommages-intérêts, se refuser à communiquer le titre sous récépissé ou à en laisser prendre sans déplacement une copie collationnée par un notaire ou un greffier. Cette copie portera la mention de sa destination ; elle sera dispensée du timbre et de l'enregistrement tant qu'il n'en sera pas fait usage soit par acte public, soit en justice ou devant toute autre autorité constituée. Elle ne rendra pas par elle-même obligatoire l'enregistrement du titre.

L'agent de l'administration aura, dans tous les cas, la faculté d'exiger l'attestation du créancier certifiant l'existence de la dette à l'époque de l'ouverture de la succession Cette attestation qui sera sur papier non timbré, ne pourra être refusée, sous peine de dommages-intérêts, toutes les fois qu'elle sera légitimement réclamée.

Le commerçant créancier ne pourra être, en aucun cas, contraint à communiquer ses livres de commerce.

Art. 4. — Toute dette pour laquelle l'agent de l'administration aura jugé les justifications insuffisantes ne sera pas retranchée de l'actif de la succession pour la perception du droit, sauf aux parties à se pourvoir en restitution, s'il y a lieu.

Néanmoins, toute dette consentie par acte authentique ne pourra être écartée par l'administration, tant que celle-ci n'aura pas fait juger qu'elle est simulée. L'action pour prouver la simulation sera prescrite après deux ans à compter du jour de la déclaration.

Art. 5. — Toutefois ne seront pas déduites :

1° Les dettes echues plus de trois mois avant l'ouverture de la succession, à moins qu'il ne se soit produit une attestation du créancier en certifiant l'existence à cette époque, dans la forme et suivant les règles déterminées au § 3 de l'art. 3 ;

2° Les dettes consenties par le défunt au profit de ses héritiers, donataires ou légataires ou de personnes interposées. Sont personnes interposées les personnes désignées dans l'article 911, dernier alinéa, du code civil. Néanmoins, lorsque la dette aura été consentie par acte authentique ou par acte sous seing privé ayant date certaine avant l'ouverture de la succession autrement que par le décès d'une des parties contractantes, les héritiers, donataires et légataires et les personnes interposées auront le droit de prouver la sincérité de cette dette et son existence au jour de l'ouverture de la succession ;

3° Les dettes reconnues par testament ;

4° Les dettes échues garanties par une inscription hypothécaire périmée depuis plus d'un an, à moins qu'il ne se soit produit une attestation du créancier en certifiant l'existence au jour de l'ouverture de la succession, suivant les règles et dans les formes énoncées dans le § 3 de l'art. 5 ;

5° Les dettes résultant de titres ou de jugements rendus à l'étranger, à moins qu'ils n'aient été rendus exécutoires en France ; celles qui sont hypothéquées exclusivement sur des immeubles situés à l'étranger ; celles enfin qui grèvent des successions d'étrangers, à moins qu'elles n'aient été contractées en France et envers des Français, ou envers des sociétés et des compagnies étrangères ayant une succursale en France.

Art. 6. — L'inexactitude des déclarations ou attestations de dettes pourra être établie par tous les moyens de preuve admis par le droit commun, excepté le serment.

Il n'est pas dérogé en cette matière aux dispositions des articles 65 de la loi de frimaire an VII et 17 de la loi du 27 ventôse an IX, sauf dans les instances ne comportant pas la procédure spéciale établie par ces articles.

Art. 7. — Toute déclaration ayant indûment entraîné la réduction d'une dette sera punie d'une amende égale au triple du supplément de droit exigible. Le prétendu créancier qui en aura faussement attesté l'existence sera tenu solidairement avec le déclarant au paiement de l'amende et en supportera définitivement le tiers.

DEUXIÈME PARTIE

La question du Passif héréditaire au point de vue critique

Première Section

Discussion des Arguments invoqués à l'appui de la non-déduction du passif

CHAPITRE I

Les Arguments juridiqnes

Les partisans de la non-déduction du passif héréditaire, à qui l'on oppose l'injustice et la rigueur du système adopté par la loi de frimaire, prétendent que la règle n'en est pas moins conforme aux principes du droit. La rejeter serait d'après eux une hérésie juridique.

Voici comment ils raisonnent :

Partant de l'idée que le droit de succession est avant

tout un droit de transmission dont la quotité se trouve fixée par la valeur de l'objet transmis, ils se posent la question suivante : qu'est-ce qui est transmis dans une succession ? A quoi ils répondent que c'est le patrimoine entier, que c'est l'actif brut et non seulement l'actif net. Que 200.000 francs soient chargés de dettes pour 150.000 francs, il n'empêche que 200.000 francs se trouvent transmis à l'héritier qui devient propriétaire de cette somme et non seulement de 150.000 fr. Il est donc logique et conforme au droit, concluent-ils, d'asseoir l'impôt sur cette valeur brute.

Le principe général en matière d'impôts, ajoutent-ils, est de frapper, soit le revenu pour ce qui concerne les impôts directs, soit la chose qui fait l'objet du contrat, pour ce qui concerne l'enregistrement, sans qu'on se préoccupe de savoir si le contribuable est ou n'est pas grevé de charges. Le droit de mutation est un impôt réel en ce sens qu'il frappe la chose sans considérer la personne ; il frappe tels ou tels biens sans s'inquiéter de la situation de celui qui paiera l'impôt. Ainsi en cas de vente le fisc réclame tant 0/0 sans s'inquiéter de savoir si le bien est ou non hypothéqué. Pourquoi en serait-il autrement en matière de mutation par dècès ?

Aux yeux du fisc qui ne considère que la transmission et qui perçoit son droit sur la mutation, abstraction faite du propriétaire, dit-on, la valeur d'un objet est-elle diminuée « parce que l'un des possesseurs, le propriétaire qui se dessaisit, est débiteur soit d'une portion de cet objet, soit de tout ou partie du prix moyennant lequel il l'a acquis, soit parce qu'il a contracté avant ou après son acquisition des dettes dont le paiement immédiat nécessiterait la vente de l'objet même ou absorberait une part quelconque de sa valeur (1) ? » On suppose deux mutations relatives à deux immeubles de 200.000 francs chaque, dont l'un est grevé de 100.000 francs de dettes. Dans les deux cas 200.000 francs sont, aux yeux de l'enregistrement, considérés comme changeant de propriétaire, et la même valeur changeant de propriétaire dans les deux cas doit dans les deux cas acquitter le même droit.

Faire dériver l'exigibilité de la taxe de la transmission de l'objet, mesurer la quotité de cette taxe à la *valeur absolue* de la chose transmise, sans se préoccuper en aucune sorte de la situation de fortune de celui qui transmet, voilà, en fin d'analyse, ce que soutiennent les partisans de la non déduction du passif, ce qu'ils considèrent comme étant l'esprit de la loi de l'an VII, et surtout comme étant la règle impérieusement dictée par le droit fiscal.

A l'appui de cette opinion on cite des noms dont l'autorité n'est certes pas à dédaigner.

En 1849 notamment, Dupin parlant contre la proposition Crémieux disait que le droit de mutation

(1) Rapport de M. Lelièvre consacré à la proposition de Gasté.

« est attaché au seul fait de la mutation de la propriété d'une tête sur une autre. »

En 1869, M. Roy, directeur de l'Enregistrement, parlant devant la Sous-Commission du Sénat chargée de l'enquête agricole s'exprimait ainsi (1) au sujet de la loi de frimaire : « Cette loi n'a pas établi ce que nous sommes convenus d'appeler aujourd'hui l'impôt des successions : elle n'avait créé que l'impôt des mutations par décès. » M. Roy se basait, pour le décider ainsi, sur ce que la loi de frimaire avait tarifé toutes les mutations par décès au même droit, sauf les mutations par décès en ligne directe et entre époux, parce que, dit-il, on considérait alors « qu'il y avait une sorte d'association de famille » et par conséquent on leur accordait un tarif de faveur. Mais les frères, les cousins et les étrangers payaient un seul et unique droit de 5 0/0. En principe la loi ne considérait donc que la mutation, et assimilant sur ce point les mutations entre-vifs et par décès « l'immeuble mutant dans un cas comme dans l'autre, elle opérait exactement de la même manière. »

Là s'arrête le raisonnement de M. Roy en faveur de la non-déduction du passif héréditaire. S'il estime en effet que la non-déduction était logique et se comprenait dans le système de frimaire, il avoue que depuis lors la situation a singulièrement changé et que, depuis la loi de 1816 et surtout depuis celle de

(1) Enquête agricole. Documents généraux, 1re série, tome 4, p. 93.

1832, nous nous trouvons en face d'un véritable impôt sur les successions, puisqu'au lieu d'asseoir les droits purement et simplement sur la mutation de l'immeuble, ces lois ont réglé le tarif eu égard aux personnes entre les mains desquelles se fait cette mutation.

Sur ce point, nous croyons qu'il faut aller plus loin que M. Roy, et nous nous proposons de prouver, contrairement aux assertions des partisans de la non-distraction des charges, que non seulement dans les lois de 1816 et de 1832, mais même dans la loi de l'an VII, et dans l'esprit du droit intermédiaire, nous sommes bien en face d'un véritable droit de succession, et non point d'un prétendu droit de mutation.

Si nous remontons à la loi de 1790, (1) nous y trouvons un art. 4 ainsi conçu : « Le droit d'enregistrement des actes de la seconde classe, (contrats de mariage, testaments, dons manuels, etc)..., sera payé à raison du revenu des contractants ou testateurs et leur revenu sera évalué d'après leur cote d'habitation dans la contribution personnelle. » Peut-on dire que dans cette loi on ne s'occupe point de la situation du nouveau et de l'ancien propriétaire ? C'est la seule base donnée à l'impôt.

Et la loi de frimaire, comment a-t-elle établi son tarif ? En matière de transmission à titre gratuit, elle considère seulement l'objet transmis, se con-

(1) Loi 5-19 décembre 1790 art. 4. Collection Duvergier, tome second. Années 1790-1791, p. 81.

tentantde distinguer les meubles et les immeubles, avec un tarif spécial pour chacune de ces divisions. Puis elle examine de quelle façon s'opère la transmission. Pour les transmissions par décès elle envisage la situation réciproque des parties au point de vue du degré de parenté existant entre l'ancien et le nouveau possesseur. Et elle se trouve ainsi amenée à établir, au point de vue de l'impôt, une distinction capitale entre les mutations en ligne directe ou entre époux, et les mutations qui s'opèrent au profit de collatéraux.

Quoi de plus clair et de plus concluant contre la doctrine que l'on nous oppose, d'après laquelle le droit vise le bien transmis, abstraction faite des possesseurs ?

Non, il n'est pas vrai de dire que le droit de succession est, dans notre législation, un droit pur et simple de mutation sur la valeur absolue des biens. Non, il n'est pas exact de soutenir que le droit, en l'an VII, était le même pour toutes les mutations par décès ; il est spécieux de faire du cas de l'héritier en ligne directe une mesure exceptionnelle et de faveur, à côté de la règle générale qui serait la perception d'un droit unique dans tous les cas, tandis que la loi, en réalité, contient en germe l'idée de considérer, au point de vue de l'impôt, la personne de l'héritier pour lui faire payer un droit plus ou moins élevé suivant qu'il est d'un degré de parenté plus ou moins éloigné.

Non, il n'est pas conforme aux principes du droit ;

il n'est conforme ni à l'équité, ni à la logique, de prélever l'impôt successoral sur la valeur transmise *in abstracto,* sans déduction des charges dont elle est grevée.

On dit que les droits d'enregistrement, et l'impôt de mutation en particulier, ont pour objet de frapper la chose qui fait l'objet de la convention ; or la matière imposable se trouve être ici la valeur transmise, c'est-à-dire une masse, un actif brut. Donc le fisc qui, dans la transmission des biens, voit l'occasion la plus naturelle de faire payer aux particuliers le prix de la sécurité que l'Etat leur assure, le fisc, dans cette opinion, en face d'une transmission de valeur brute, prélève logiquement l'impôt sur cette masse sans aucune distinction.

Nous répondons qu'il est bien vrai que les droits d'enregistrement sont établis sur la chose même, objet des actes et des mutations. Mais il est tout naturel d'entendre par ces actes et mutations ceux auxquels donnent naissance les relations de la vie civile, et non pas des actes et des mutations imaginaires, créés pour les besoins financiers du trésor, et n'ayant aucun rapport avec la réalité. En apparence, sans doute, l'héritier acquiert l'actif brut; en réalité, il ne recueille que l'actif net. Prétendre que la transmission porte sur l'actif brut, c'est se prévaloir d'une logique qui s'arrête un peu trop facilement à la surface ; dans la limite des dettes, l'héritier n'est qu'un administrateur chargé de payer les créanciers.

— Mais il est propriétaire, dit-on. Ce n'est pas un administrateur ordinaire. Tous les biens du défunt lui appartiennent. Il peut payer les créanciers sur tels ou tels biens de la succession ou sur les siens propres.

Sans doute. Il le fallait bien sous peine de complications inextricables. Ce n'est pourtant qu'une propriété dans l'apparence, dans la forme : il n'a que les dehors d'un propriétaire : les biens, dans la proportion du passif, ne font que passer entre ses mains. C'est un intermédiaire. On peut dire de la succession qu'il recueille qu'elle ne vaut que ce qui reste après les dettes payées.

Qu'est-ce que le droit de succession ? disait M. Jamais le 27 mars 1890. « C'est le paiement du service que l'Etat rend à l'héritier en consacrant d'une manière authentique la dévolution des biens et en lui garantissant par ses lois la libre jouissance ». Par conséquent si la succession est grevée de dettes, « l'héritier ne doit payer que proportionnellement à ce qu'il recueille, c'est-à-dire au service qu'il reçoit de l'Etat ».

M. Cordelet (1) dit dans le même sens : « Si le droit d'enregistrement sur les mutations par décès est un impôt sur les successions, il doit être proportionnel à la valeur de la chose transmise, c'est-à-dire à ce qui reste, après la distraction des charges ».

(1) Rapport au Sénat. Annexes, 1896, p. 288.

Et si, effectivement, il n'y a rien, quelle sera la valeur transmise ? Ne devrait-on pas se rappeler l'adage de nos anciens auteurs : Où il n'y a rien le roi perd ses droits ; et la règle romaine : *Bona non sunt nisi deducto aere alieno* ? N'en est-il pas ainsi d'ailleurs dans notre droit civil, toutes les fois qu'il s'agit de régler le conflit de ces intérêts si divers qui s'ouvrent au lit des mourants ? Est-ce que, par exemple, on ne déduit pas les dettes de la succession pour fixer la quotité disponible (art. 922 Civ.), tant il est vrai qu'on ne considère pas les dettes comme faisant partie de l'hérédité ? Pourquoi admettre deux idées contradictoires dans la législation française, pourquoi laisser plus longtemps subsister entre notre Code civil et notre loi de frimaire une divergence semblable ? Pourquoi donner ainsi à une succession deux valeurs différentes : une valeur nette au point de vue civil, une valeur brute au point de vue fiscal ? On n'en peut fournir aucune bonne raison.

— Mais, réplique-t-on, voyez ce qui se produit pour les mutations de propriété à titre onéreux, une vente par exemple ? On n'a jamais eu l'idée de déduire du droit de mutation prélevé dans ce cas une valeur représentative des charges dont est grevée la chose vendue. Or, suivant les auteurs qui raisonnent ainsi, la loi de frimaire, en décidant que les droits de mutation par décès seraient acquittés également sans distraction des charges, a précisément montré par là qu'elle voulait assimiler l'héritier et l'acheteur ; que d'ailleurs celui qui paie l'impôt successoral n'a pas à se plaindre, car il fait un bénéfice purement gratuit, trop heureux de trouver dans l'impôt la sécurité de sa possession.

C'est une profonde erreur, à nos yeux, que de voir dans la loi de frimaire, une assimilation entre l'acheteur et l'héritier.

Qu'on regarde l'histoire, qu'on examine le droit féodal, qu'on remonte au principe même des droits seigneuriaux, si loin qu'on se porte en arrière, on trouve pour les droits sur les ventes (droits de lods et ventes) et pour les droits de transmission par décès (droits de relief et de rachat), une origine et une assiette toutes différentes.

Les droits de lods et ventes reposaient sur la nécessité du consentement du seigneur à l'aliénation, le droit d'aliénation n'étant pas compris dans la concession originaire faite au vassal. Ce consentement fut bientôt remplacé en fait par l'acquittement d'une finance : c'étaient les droits de lods et ventes. — Quant aux droits de relief et de rachat, ils représentaient l'investiture donnée au nouveau possesseur par le suzerain qui recevait un nouveau vassal en son fief. Le droit de lods était proportionnel à la valeur vénale de l'objet transmis : le droit de relief portait sur le revenu.

Telle était la distinction que rencontraient dans l'ancien droit les auteurs de la loi de l'an VII, entre la vente et la transmission par décès.

Comment résolurent-ils la question ?

En divisant les transmissions en deux catégories : les transmissions à titre onéreux qui durent payer les droits sur la valeur venale ; — et les transmissions à titre gratuit qui durent payer sur le revenu déclaré. Ou les mots n'ont plus aucun sens, ou voilà bien la même distinction que dans l'ancien droit entre l'acheteur et l'héritier.

On nous répondra qu'en assimilant l'acheteur et l'héritier, on a voulu se placer seulement au point de vue de la distraction des charges, et faire entendre qu'il n'y a pas de raison d'admettre la déduction des dettes pour une espèce de mutation et non pour l'autre.

Mais alors nous répliquerons qu'il est illogique d'assimiler à ce point de vue ces deux modes de transmissions, à titre onéreux ou à titre gratuit. Je tiens compte en effet des charges qui doivent m'incomber, lorsque je suis acquéreur, pour offrir au vendeur un prix que j'établis en conséquence. D'ailleurs en matière de vente, dans la plupart des cas la dette ne passe pas à la charge de l'acheteur : si elle est chirographaire, elle reste personnelle au vendeur, elle ne suit pas l'immeuble ; si elle est hypothécaire et inscrite sur l'immeuble, l'acquéreur s'empressera de l'éteindre en payant le prix, non pas à son vendeur, mais au créancier hypothécaire inscrit. La dette disparaîtra par le paiement du prix ; et de toute manière l'acheteur ne pourra ni devenir responsable de la dette ni être inquiété dans la jouissance de son bien.

Si je suis donataire, légataire ou héritier, il n'en est plus de même, et je me vois forcé de subir les volontés du donateur ou du défunt, diminuant d'autant la somme que j'ai à recevoir.

Je n'ai pas à me plaindre, me dit-on, parce que, de toute façon, je fais un bénéfice et que c'est déjà beaucoup de trouver dans l'impôt une garantie de sécurité pour ce qui reste entre mes mains.

Est-il bien sûr qu'en ne déduisant pas les charges la loi me laisse toujours un bénéfice ? C'est douteux. Nous avons indiqué dès les premières pages de cette étude, quelques applications pratiques du principe de la non-distraction ; et précisément nous sommes arrivés à cette conclusion, basée sur des faits, que le bénéfice n'est souvent pas pour l'héritier ou le légataire, mais pour l'Etat.

« L'héritier acceptant une succession, disait M. Jamais dans son rapport de 1890, devient par ce fait le débiteur à la place du défunt. Les charges, qui lui sont imposées à ce titre, peuvent être écrasantes, surtout dans certaines circonstances où il y a des questions d'honneur, des sentiments de famille que l'héritier doit placer plus haut que son intérêt personnel ».

On a parfois invoqué, surtout vers le milieu du siècle, une autre considération juridique en faveur de la règle consacrée par la loi de frimaire en matière de passif. Si nous nous rattachions à l'idée que certains auteurs se font de l'impôt des successions, le principe de l'an VII relatif à la non-déduction du passif trouverait en effet son explication toute naturelle.

La question est de savoir à quel titre l'Etat perçoit la taxe successorale. A nos yeux, l'impôt des succession est une rançon acquittée par l'individu pour hériter d'un bien qu'il n'a pas gagné par son travail ; la loi fait payer un droit en compensation de ce qu'elle donne dans le cas d'hérédité légale ou de ce qu'elle permet, dans le cas de succession testamentaire.

Or ce qui est transmis à l'héritier, la valeur pour laquelle l'héritier doit une rançon comme prix de la protection sociale qui rend possible sans violence la dévolution des biens sur sa tête, n'est-ce pas la valeur réelle, déduction faite de tout le passif qui peut la grever ?

Tout autre est le raisonnement de ceux qui pensent que le droit de succession est perçu par la nation à titre de co-propriétaire. Une décision du Grand-Juge du 23 nivôse an XII (1) portait en ce sens que « la nation ne réclame pas la taxe successorale comme créancière, mais comme portionnaire d'une partie des biens à déclarer ».

Le droit de mutation, dans cette opinion, c'est le prélèvement d'une fraction du capital au profit de l'Etat. La conséquence naturelle au point de vue du passif,

(1) Rapportée par M. Demante. Princ. d'Enregist. N° 670.

c'est que le possesseur du bien ne peut par son fait créer des charges faisant obstacle au prélèvement qui a été la condition de sa première investiture : le prélèvement est donc basé sur la chose transmise, abstraction faite des charges qui peùvent la grever.

Il est inexact, à notre avis, que la nation ait à réclamer le droit de succession au nom d'une prétendue copropriété. La preuve que la taxe successorale n'a pas cette origine, nous la trouvons dans l'histoire de la législation romaine sur ce point. C'est seulement sous Auguste, c'est-à-dire bien longtemps après l'établissement de la propriété à Rome que fut créée la *vicesima hereditatum*, impôt romain des successions. Il n'y a donc pas, à la base de l'histoire de la propriété, ce prétendu partage dont on parle entre l'Etat et l'individu.

Se ralliant à cette doctrine, la Cour de Cassation par arrêt en date du 23 juin 1857, décida que le privilège de l'Administration, résultant seulement de l'art. 32 de la loi de frimaire, ne pouvait excéder le revenu des biens laissés par le défunt ; que l'Etat ne perçoit donc pas l'impôt à titre de propriétaire ; et que la taxe successorale est une émanation non du droit de propriété, mais du droit de souveraineté.

Bref l'impôt des successions n'étant, suivant l'expression même de M. Jamais, que le prix du service rendu à l'héritier, il est de toute justice que la somme à acquitter par le contribuable soit proportionnelle à ce dont il s'enrichit en fin de compte.

CHAPITRE II

Arguments d'ordre historique

A côté des considérations juridiques, les partisans de la non-distraction des charges invoquent en faveur de leur doctrine les précédents de la législation romaine et de l'ancien droit. Voici leurs arguments :

1°) Rome ayant pratiqué la règle de la déduction du passif héréditaire dans la matière de l'impôt des successions, cette taxe dite *vicesima hereditatum* fut supprimée sous Justinien : la raison de cette suppression fut, affirme-t-on (1), le nombre incalculable des fraudes qui se donnaient libre carrière à la faveur de la non-distraction ; des dettes qui n'avaient jamais existé étaient déclarées par les héritiers pour diminuer d'autant le droit que leur réclamait le fisc. L'exemple de Rome, conclut-on, est de nature à faire réfléchir ceux qui songeraient à ne pas conserver chez nous la non-déduction.

2°) L'impôt du centième denier, impôt des succes-

(1) Serrigny. Droit public romain. Tome II p. 348

sions dans l'ancien droit. était certainement calculé sur les biens compris dans la succession, abstraction faite des dettes et des charges.

En réalité si nous considérons l'histoire du droit romain et de l'ancien droit, nous sommes loin d'aboutir aux mêmes conclusions que ces auteurs.

Rome nous a donné en matière d'évaluation des biens une formule qui est restée un axiome d'école ; Il n'y a de biens que ceux dont on a déduit les dettes : *bona non sunt nisi deducto aere alieno.* Ou pour citer le vrai texte qui est du jurisconsulte Paul au Digeste : *Bona intelliguntur cujusque quae deducto aere alieno supersunt* (1). De là à tirer la conclusion que les Romains avaient consacré le principe de la déduction du passif héréditaire, il n'y avait qu'un pas : quelques-uns l'ont facilement franchi, se prévalant surtout du sentiment profond de l'équité chez les jurisconsultes romains. M. Jamais, entre autres, affirme (2) que la déduction du passif était pratiquée dans la législation romaine.

La vérité c'est que nous ne savons que peu de chose de la déduction des charges à Rome au point de vue de l'impôt des mutations par décès. Nous savons notamment que les Romains eurent sous Auguste un impôt sur les successions portant sur le 1/20, soit 5 0/0, d'où le nom de *vicesima hereditatum.* De

(1) L. 139 § 1. Dig. *de verborum significatione.*

(2) *Journal Officiel* 1890. Chambre. Annexes, p. 845 in fine.

cette taxe étaient certainement déduits les frais funéraires. On sait également que Caracalla doubla le taux de cette taxe, et que l'impôt disparut vers l'époque de Justinien, sans pouvoir affirmer, comme le fait Serrigny, si ce fut cet empereur lui-même ou l'un de ses prédécesseurs immédiats qui fut l'auteur de cette suppression.

Quant au reste on ne peut se livrer qu'à des conjectures. Ainsi nous ne pouvons aucunement tirer un argument historique du droit romain pour ou contre la déduction du passif héréditaire.

Etant donnée l'absence de documents, nous serions mal venus à prétendre, comme M. Jamais, que la non-déduction était la règle du droit fiscal romain. Car on conçoit fort bien que le sentiment de la justice, si vif d'ordinaire chez les jurisconsultes romains, ait pu très facilement être mis en échec par une considération fiscale, par les besoins du Trésor, comme il le fut d'ailleurs chez nous, dès que la royauté en 1703 établit d'une manière certaine un impôt sur les successions sous le nom de centième denier. On conçoit non moins aisément que la loi civile romaine ait très bien pu adopter la formule : *bona non sunt nisit deducto aere alieno*, et que l'administration romaine de l'Enregistrement n'en ait tenu aucun compte. En est-il autrement dans nos lois où de tout temps la législation civile posa le principe de la déduction des dettes, par exemple pour régler le droit des héritiers à réserve en face des légataires ou des donataires ? Or, si depuis deux siècles la jurisprudence et la loi ont fait fléchir en France le principe équitable du droit civil dans l'intérêt du Trésor, pourquoi n'en aurait-il pas été de même à Rome où la législation était, à coup sûr, aussi fiscale que la nôtre ?

Il n'est donc point prouvé que la suppression de l'impôt des successions dans le droit romain au VIe siècle ait eu pour cause les fraudes dues à la règle de la distraction des charges ; et l'on n'est point en droit de s'appuyer sur le droit romain pour affirmer la prétendue impuissance financière d'une législation qui consacrerait la déduction des dettes.

Ce qui est certain dans les lois romaines, et l'argument historique se retourne ainsi contre les partisans de la non-déduction, c'est que, à la satisfaction de tous, fonctionnait à Rome le principe de la déduction des frais funéraires. Leur évaluation était d'abord fixée par le percepteur. On devint plus tard moins exigeant et sous Trajan l'héritier put employer le tout aux funérailles sans payer l'impôt. Nous lisons en effet ceci dans le panégyrique de cet empereur (C. XL) : *et si ita gratus heres volit, tota sepulcro, tota funeri serviat, nemo observator, nemo castigator adsistet.*

Cette disposition est intéressante : elle est à rapprocher d'une formule moderne que l'on trouve aux Pays-Bas dans la loi de 1886, art. 27. Cette loi admet que, parmi les frais funéraires peuvent être comprises les sommes léguées pour les obsèques de l'auteur de la succession , les fondations pour les services et cérémonies religieuses célébrées depuis le jour du décès jusque et y compris le premier anniversaire après son décès, et cela en proportion de la situation et de l'avoir du défunt en tenant compte des usages locaux et des diverses circonstances.

L'idée de frais funéraires, à Rome, fut donc à un certain moment largement interprêtée comme elle l'est actuellement aux Pays-Bas. Mais encore une fois, en dehors des frais funéraires, on ne trouve à Rome aucune trace certaine de la déduction des dettes, ce qui détruit le raisonnement tiré de la fraude sans limites à laquelle la déduction aurait donné lieu.

Passons à la seconde partie de l'argument historique en faveur de la non-déduction du passif.

On prétend que le droit de centième denier était prélevé sur les biens sans aucune distraction de charges.

C'est exact. Mais il ne faut pas oublier que s'il en fut ainsi, ce fut en quelque sorte accidentellement et que jamais la loi ne posa formellement la règle de la non-distraction des charges. Nous allons le démontrer.

Si nous remontons au droit féodal, aux pratiques qui précédèrent la loi de 1703, cette loi qui établissait en France l'impôt des successions sous le nom de centième denier, nous y voyons que, pour les mutations de propriété par décès, le seigneur investissait le nouveau possesseur des droits contenus dans le patrimoine de son auteur moyennant le paiement du droit de relief ou de rachat. Ce droit, origine de ce qui fut plus tard l'impôt des successions, consistait en une année du revenu du fief transmis par décès. Les seigneurs, dans la perception du droit, s'accommodaient-ils de la déduction du passif héréditaire ? Ferrière (1) distingue à ce sujet suivant que les charges grevant ces revenus étaient ou non inféodées. On déduisait seulement les charges inféodées.

A côté de cette législation empruntée au droit féodal, s'établit peu à peu un impôt perçu par la royauté sur les biens transmis par décès, impôt qui devint en 1703 la taxe du centième denier. Cet impôt portait sur l'ensemble des immeubles laissés par le *de cujus* : le droit était établi sur une masse de biens, sur un patrimoine considéré comme une *universitas juris*. Dans cette *universitas juris* le fisc mettait-il à part le passif pour le retrancher du paiement de la taxe ?

La question n'étant point résolue par la loi, la jurisprudence eut de suite l'occasion de s'en occuper. Quoique les textes fussent muets, l'usage prévalut de déduire de l'impôt le cens d'abord, puis les rentes foncières. On s'était déterminé sur ce dernier point par la considération que la rente faisant partie du fonds, l'héritier ne recueillait véritablement que le surplus. C'était un motif inexact parce que le créan-

(1) Coutume de Paris, art. 47, § 39.

cier n'avait, alors comme aujourd'hui, qu'un privilège sur l'immeuble pour exiger le paiement de ses arrérages. Mais la déduction était équitable et les fermiers des impôts ne firent nulle difficulté à l'admettre. On voulait aller plus loin. Plusieurs intendants de province, juges en première instance de ces matières, étendirent la défalcation à toutes les dettes hypothécaires, et même aux dettes chirographaires dûment justifiées. Les contribuables pouvaient invoquer en leur faveur le silence de la loi. Mais le jugement des intendants était soumis à l'appel du Conseil du Roi où les fermiers généraux l'emportèrent en représentant les embarras de ce mode de liquidation et les fraudes qui en résultaient. Si bien qu'à la veille de la Révolution le droit fiscal de l'ancienne royauté consacrait le principe rigoureux de la non-distraction des charges, et cela en vertu seulement des arrêts de la jurisprudence, la loi étant entièrement muette sur ce point.

Cette jurisprudence était même si sévère qu'elle n'admettait pas la déduction des légitimes, c'est-à-dire des parts de succession réservées aux enfants du défunt, dans le cas où l'héritier institué était libre de fournir ces parts en argent. Pour que l'institué ne fût tenu du centième denier que sur ce qui lui restait, une fois les légitimes prélevés, il fallait que les enfants eussent le droit de réclamer les légitimes en biens fonds de l'hérédité. Sinon, et dès l'instant où l'héritier avait la faculté de payer les légitimes en deniers, la dette dont il était tenu de ce chef devenait une dette de la succession, à laquelle on appliquait la règle de la non-déduction (1).

Ainsi la non-distraction, il n'est pas inutile de le répéter, résultait dans la pratique de l'ancien régime, non de la loi, mais de la jurisprudence. La loi avait même, sur ce point, ceci de particulier qu'elle était loin d'être vexatoire : elle exemptait notamment du droit toutes les successions en ligne directe ; et en ligne collatérale les successions mobilières. C'étaient des mesures bien différentes, on le voit, de celles qui devait prendre le Directoire à la fin du même siècle.

La Constituante d'ailleurs conserva, en matière de passif héréditaire, les mêmes règles que la jurisprudence de l'ancien régime. Un décret du 4 thermidor an IV vint, quelques années plus tard, défendre expressément d'opérer d'autres distractions que celles des rentes dûment justifiées (art. 12) : C'était l'aurore de la loi de frimaire.

En résumé, l'argument historique tiré de l'ancien droit se borne à la constatation des raisons fiscales données par les fermiers généraux pour décider la jurisprudence à ne pas retrancher le passif du montant des valeurs soumises à l'impôt des successions.

Nous verrons plus loin ce que valent ces raisons,

(1) Bosquet. Dict. des Domaines. V° charges, § 3. V° Légitime *in fine*.

lorsque nous examinerons les objections financières, que la déduction du passif est susceptible de soulever.

Mais on ne s'arrête point là sur le terrain historique, et l'on cite parmi les nations étrangères dont les lois consacrent la déduction des dettes, deux nations voisines de la nôtre qui n'ont point eu à se louer, dit-on, de cette mesure libérale ; il s'agit de la Belgique et de l'Italie.

Il est bien vrai que la déduction des dettes a donné naissance en Belgique à une fraude très sagace ; et que la situation, déjà difficile dans les débuts, est devenue plus délicate à partir de 1830, époque où un arrêté royal supprima le serment que faisait auparavant l'héritier de n'avoir point exagéré les charges. On aboutit alors à une fraude sans limites, qui devient un sujet de préoccupation des plus graves pour l'administration.

Des traces de ces difficultés se trouvent, en effet, dans un rapport de 1851 adressé au ministre des finances par l'administration de l'enregistrement qui lui signale, entre autres embarras, le cas d'actes valables en la forme, souscrits par le défunt dans un but frauduleux. « Dans l'établissement du passif, disait l'administration, la fraude n'a pas de limites. »

Les défenseurs de la loi de frimaire citent aussi des relevés faits par l'administration belge en 1873, desquels il résulte que le passif déclaré représente le 1/8 environ de l'actif déclaré, proportion considérable à laquelle vient encore s'ajouter une importante partie de valeurs mobilières dissimulées dans les déclarations de succession.

Ce résultat est signalé par le directeur de l'Enregistrement belge, qui dénonce « l'impunité irrémédiable assurée sur une vaste échelle aux omissions de biens ».

Que la législation belge ait abouti à un résultat aussi compromettant pour le budget, ceci est une considération de fait qui ne saurait militer en aucune façon en faveur de la non-déduction du passif. Il est bien entendu, en effet, que nous n'avons point la prétention, en prêchant la réforme, d'interdire à l'administration l'emploi de moyens de contrôle efficaces.

La Belgique, s'il faut en croire les opinions qui viennent d'être rapportées, aurait souffert de la déduction des charges : au lieu d'y voir une preuve de la supériorité de notre loi de frimaire, n'est-il pas plus raisonnable de n'y voir qu'un fait consistant simplement en une expérience mal dirigée ? On pourrait y porter remède en introduisant, par exemple, des mesures de justification plus étroites.

D'ailleurs, est-il exact de conclure dans un sens aussi pessimiste ? Nous ne le croyons pas. D'un tableau officiel (1), il résulte que l'impôt belge des taxes successorales donne une recette annuelle de 20 millions pour une valeur moyenne de 450 millions, soit

(1) Tableau rapporté au bulletin de statistique du Ministère des finances. Mai 1887.

4,50 0/0 ; tandis qu'en France la proportion n'est que de 3,30 0/0 (176 millions de droits perçus pour 5 milliards de valeurs déclarées). La situation est loin, par conséquent, d'être désespérée.

A côté de l'exemple de la Belgique, on invoque, en faveur du *statu quo*, le prétendu exemple peu encourageant de l'Italie. Et pourtant, ajoute-t-on, la loi italienne a pris toutes ses précautions pour laisser ouverte le plus étroitement possible la porte à la fraude. Elle n'autorise la déduction que de dettes dûment justifiées ; et quant au mobilier, elle en fixe d'office la valeur. Refusant de s'en rapporter à la bonne foi de l'héritier, elle décide que dans tous les cas, à moins d'inventaire ou de vente publique, le mobilier successoral (dans cette expression ne rentrent point les titres et créances qui doivent faire l'objet d'une déclaration spéciale) doit être évalué au 1/20 du patrimoine immobilier.

Avec de pareilles armes, il semble que l'administration doive être protégée contre la fraude.

Point du tout. L'administration évalue la perte du Trésor à la cinquième partie de l'impôt total. Ce résultat, dit-on, est précisément une conséquence de la déduction du passif.

Nous répondons qu'une allégation semblable est doublement inexacte : d'abord parce que l'iniquité d'un impôt perçu sur l'actif brut est elle-même une cause d'impulsion à la fraude ; ensuite parce que la loi italienne sollicite tout particulièrement le contribuable à frauder, non pas à cause de son texte sur la déduction, mais en vertu de cette disposition légale qui fixe d'office le mobilier au 1/20 des immeubles : l'héritier prend ses mesures de telle manière qu'il n'ait rien à payer au delà de la proportion légale du 1/20 : il dissimule, avec le plus grand soin, le surplus de ses valeurs, trouvant d'ailleurs une excuse à sa fraude dans l'excès de sévérité de la loi qui substitue à sa déclaration relative au mobilier la rigoureuse valeur conventionnelle du 1/20.

CHAPITRE III

Les raisons fiscales

Les considérations financières que l'on fait valoir en faveur de la non-déduction du passif pour l'assiette de l'impôt des successions sont empruntées à cette idée d'abord que les lois fiscales établies sont les meilleures, qu'il n'y faut pas toucher sous peine de voir tarir les sources du Trésor, que le meilleur des impôts est celui consacré par l'usage. Or depuis 1703, depuis deux siècles entiers, fonctionne en France la règle de la non distraction des charges, au grand avantage du Trésor? Quelle règle fiscale peut invoquer en sa faveur un passé si considérable? Il s'agit donc, dans cette opinion, de conserver cette règle pour le bon ordre de nos finances.

Ce raisonnement basé sur les nécessités du Trésor a d'abord le tort de ne pas s'accorder avec le sentiment de la justice, dont la méconnaissance de la part du fisc révolte tous les contribuables dans leur conscience.

D'ailleurs est-il bien vrai que la non-déduction du

passif puisse se justifier par la raison d'utilité qu'en donnent ses partisans ? On dit qu'une telle règle a pour résultat certain, indiscutable, de remplir les coffres de l'administration. Sans doute il en est ainsi à première vue. Mais il y a pour les nations un autre idéal que celui qui consiste en un système d'impôts bien rémunérateurs ; il y a la prospérité publique dont une mesure comme celle de la non-distraction tarit incontestablement les sources les plus fécondes. « Il est de la dignité de l'Etat, disait en 1869 M. Josseau au Sénat, de maintenir toujours l'équité à côté de la légalité, en même temps qu'il est d'une *bonne politique* d'effacer d'une législation comme la nôtre les points que l'opinion publique signale justement comme des atteintes à la justice ».

En d'autres termes l'orateur, prenant à partie les défenseurs de la non-déduction, leur tient le langage suivant : Vous prétendez appuyer votre thèse sur des considérations d'utilité, sur l'intérêt des finances publiques. Vous vous trompez. Car, à côté de la politique que vous soutenez et qui tend à faire produire beaucoup à l'impôt, il y a une autre politique, meilleure à coup sûr, dont le but est sans doute encore de subvenir aux besoins nationaux, mais sans froisser le sentiment inné de justice et d'équité qui sommeille chez chaque contribuable, et qu'il est nuisible et dangereux de réveiller par des mesures empreintes d'une trop grande inégalité comme celle de la non-déduction du passif.

Il est facile de montrer combien un tel raisonnement trouve dans les faits une base solide. La dette hypothécaire, notamment, qui pèse sur la propriété foncière, et surtout sur la propriété rurale, aggrave dans une mesure énorme la charge résultant de l'impôt des successions; et l'on conçoit que cet impôt, à mesure qu'il devient plus lourd à supporter, devienne à la longue intolérable. Il en arrive à soulever contre lui la conscience publique, et aussi, il faut bien le dire, à donner un aliment considérable à la fraude, en justifiant en quelque sorte le contribuable à ses propres yeux lorsqu'il fait de fausses déclarations ; le contribuable, en effet, déjà porté à frauder, trouve une impulsion nouvelle dans l'excès de sévérité de la loi sur ce point ; il établit en lui-même une compensation entre ce qu'il parvient à dissimuler et ce qu'il est tenu de payer d'excessif. L'iniquité de la loi l'excite à la violer.

Nous croyons avoir ainsi suffisamment démontré que la prétendue utilité financière du principe de la non-déduction se trouve sans aucun fondement.

Se plaçant toujours sur le terrain fiscal, les défenseurs de la non-distraction des charges, outre la considération d'utilité, font valoir en faveur du système de la loi de l'an VII, les compensations importantes que la même loi de frimaire offrait au contribuable comme une sorte de compromis, comme une atténuation. Et ils concluent en disant qu'il n'y a point d'injustice fiscale véritable, en définitive « lorsqu'on envisage l'économie de la loi prise dans son ensemble, parce qu'elle a tout prévu et qu'elle a su elle-même par certaines compensations, rétablir l'équilibre et donner satisfaction à l'équité et à la justice. »

L'affranchissement du mobilier, disait Crétet, le rapporteur de la loi de l'an VII, est une compensation ou du moins un grand adoucissement à la perception de l'impôt sur la valeur brute des successions.

L'argument a malheureusement ceci de mauvais, que l'on peut lui faire l'objection suivante : il est bien vrai que le texte de l'an VII qui pose chez nous la règle de la non-distraction des charges l'entoure de mesures favorables au contribuable. Mais l'histoire a prouvé, à de nombreuses reprises, que, sous l'empire de nécessités financières nouvelles, des lois postérieures abrogent sans scrupule les règles de faveur, tout en laissant subsister la loi dans ce qu'elle a de rigoureux. Le tort de l'argument est de s'emparer d'un fait pour le considérer comme le droit, et de prétendre que le fait qui existait en 1799, doive exister encore en 1900.

Et ce qu'il y a de curieux, c'est que les mesures de rigueur ont toutes leur origine dans les compensations budgétaires, indiquées dans les diverses propositions de réforme, tant il est vrai que le législateur n'a point considéré les règles favorables de la loi de frimaire sous l'aspect qu'on veut bien leur donner dans l'opinion que nous combattons. En votant leur suppression, tout en maintenant la non-déduction, le législateur a fait justice de l'argument qui consiste à voir dans la loi de l'an VII, une série voulue d'atténuations, d'adoucissements à la non-distraction des charges.

En 1849, Dérodé et Crémieux proposaient, comme ressources, en face la de déduction du passif, qu'ils réclamaient, l'assimilation des valeurs mobilières et immobilières. La loi de 1850 consacra cette assimilation sans voter néanmoins la réforme.

En 1871, M Folliet, comme compensation de la déduction du passif qu'il défendait, indiquait un impôt sur le revenu des valeurs mobilières : la loi du 29 juin 1872 retint cette ressource, et la non-déduction n'en resta pas moins dans nos lois.

En 1872, M. de Marcère demandait la distraction des charges, moyennant une élévation dans le taux de la capitalisation du revenu des immeubles ruraux ; la loi du 21 juin 1875 sanctionna cette mesure ; mais la réforme relative au passif ne se fit pas.

Les mesures de faveur que l'on trouve en l'an VII, à côté de la non-déduction, ont donc été peu à peu supprimées ; et la non-déduction est demeurée la règle, s'accentuant par là même dans le sens de l'iniquité et de la rigueur.

En vain oppose-t-on cette réponse aux partisans de la non-distraction. Malgré tout, malgré cette aggravation du droit successoral, ils persistent dans leur opinion. Ils prétendent que le système de leur choix est conforme à la justice bien entendue, et surtout dicté par d'excellentes raisons fiscales, parce que dans l'état actuel de la législation, le mobilier transmis par succession échappe au fisc pour la plus grande partie (1) : ils soutiennent dès lors la non-déduction du passif héréditaire afin de donner au fisc une sorte de compensation pour les nombreuses soustractions de valeurs mobilières opérées par les particuliers à son détriment.

Cet argument pêche par la base, en ce sens qu'il n'est pas difficile de prévoir une loi qui donnerait au Trésor le moyen d'atteindre indirectement les valeurs mobilières, tout en laissant debout dans la législation le principe actuel de la non-déduction du passif.

M. Méline notamment proposait en 1895, à la Chambre des députés, de faire payer sous forme d'annuités l'équivalent du droit successoral que les valeurs mobilières parviennent en fait à ne pas payer dans la plupart des cas.

Etant donné que les Parlements, dans les propositions relatives à la déduction, ont une grande tendance, prouvée par les exemples que nous en avons déjà fournis, à ne retenir que les mesures intéressantes pour le fisc, n'est-on pas autorisé à redouter qu'un jour ou l'autre, dans un moment de crise, des Chambres ne votent ces annuités sur les valeurs mobilières, tout en continuant à laisser subsister le régime de la non-distraction des charges ?

(1) C'est l'argument de M. Lelièvre, dans le rapport qu'il consacre à la proposition de Gasté.

L'argumentqui invoquela facilitédes soustractions de valeurs mobilières dans l'état actuel de la législation, n'a donc qu'une importance relative.

Il n'en est pas moins, à l'heure qu'il est, présenté sous une forme assez saisissante.

Si dans la succession qui vient à s'ouvrir, on n'a pas fait d'inventaire, si plus tard les héritiers ne font pas procéder à une vente publique, si les créances sont recouvrées sans difficulté à l'échéance, tout peut échapper à l'impôt et lui échappe en réalité le plus souvent ; et, à moins d'inventaires dressés lorsqu'il y a des héritiers absents ou mineurs, les déclarations de succession, même les plus considérables, comprennent rarement des valeurs au porteur. L'argent comptant y figure pour des sommes insignifiantes ; on n'y trouve la plupart du temps que des créances résultant d'actes notariés ; quant au mobilier proprement dit, il est toujours hors de proportion avec la situation du *de cujus*.

De la constatation de ce fait, on n'est cependant pas autorisé à tirer un argument en faveur de la non-déduction du passif : il ne saurait, en bonne justice, y avoir un lien entre la non-déduction des charges et la dissimulation des valeurs mobilières. Notre régime fiscal est imparfait : certains contribuables sont favorisés tandis que d'autres sont écrasés. Il y a évidemment compensation aux yeux du Trésor qui perçoit en trop sur ceux-ci ce qu'il perçoit en moins sur ceux-là. Mais la compensation n'existe pas du côté des contribuables dont quelques uns paient trop et d'autres pas assez. De ce qu'un grand nombre de valeurs mobilières échappent frauduleusement à l'impôt, nous ne sommes pas en droit pour cela de maintenir par ailleurs une perception inique sur l'actif brut et nous ne devons point faire supporter aux contribuables honnêtes les charges auxquelles savent échapper ceux qui, moins consciencieux, dissimulent les valeurs au porteur et n'en font pas la déclaration. Dans son rapport de 1872, M. de Marcère disait dans le même sens :

« Comment approuver qu'une loi, même une loi fiscale, fasse légitimement supporter au contribuable honnête et loyal les conséquence de l'esprit de fraude qui anime les contribuables moins scrupuleux?

Une considération fiscale, en effet, ne saurait l'emporter sur l'équité.

Deuxième Section

Discussion des objections dressées contre la déduction du passif

---

Les auteurs qui ont pris à tâche de soutenir la législation de frimaire sur le point qui nous préoccupe n'ont pas seulement consacré leur activité à rassembler les arguments juridiques, financiers et historiques dont nous avons d'ailleurs montré le peu de solidité. Ils ont encore, avec non moins d'insistance, essayé de démolir les raisons de justice qui militent en faveur de la distraction des charges, au moyen d'objections, très sérieuses d'ailleurs, issues de l'idée qu'en fait il est très difficile de prélever l'impôt des successions sur l'actif net. Ce sont en réalité ces objections pratiques, ces difficultés d'exécution qui ont empêché jusqu'ici de voter les réformes proposées dans nos assemblées législatives depuis quatre-vingts ans.

Nous allons essayer cependant d'y répondre.

Parmi ces obstacles d'exécution, on nous parle des

8

mesures de vexation qui deviendraient nécessaires dans une législation admettant la déduction, de la fraude qui se livrerait libre carrière, du déficit important qui se produirait dans les coffres du Trésor, enfin d'une évaluation plus rigoureuse des immeubles qui serait basée désormais sur leur valeur réelle et non plus, comme aujourd'hui, sur une valeur fictive obtenue au moyen de la multiplication du revenu par un certain taux.

CHAPITRE PREMIER

Première objection :

La fraude et les difficultés de contrôle

Si vous admettez la déduction du passif héréditaire, disent les adversaires de la réforme, vous vous heurtez aussitôt à la question de savoir si l'on déduira toutes les dettes ou quelques-unes seulement, les plus certaines, par exemple les dettes hypothécaires.

Si vous entendez largement la déduction, quelles preuves exigerez-vous pour justifier de l'existence du passif ? Quels moyens de contrôle donnerez-vous à l'administration ?

§ 1. — *De la justification du passif*

C'est surtout à cause des difficultés de justification du passif que les rédacteurs de la loi organique du 22 frimaire an VII avaient jugé indispensable de faire reposer sur l'actif brut la perception des droits de mutation par décès. « Pour agir autrement, disait Crétet dans son rapport au Conseil des 500 (séance du 17 brumaire an VII) « il faudrait procéder à la liquidation de toute succession contradictoirement entre le fisc et les héritiers, les consommer en frais et en lenteurs par des formes contentieuses, et cela indépendamment du scandale intolérable qu'il y aurait à placer les préposés de la Régie dans un état permanent d'hostilité contre toutes les familles et à les autoriser à pénétrer dans leurs affaires les plus intimes. »

C'est aussi l'opinion formulée en 1849 par M. Gaslonde dans le rapport qu'il consacre à la proposition Crémieux ; il considère la proposition comme peu favorable au contribuable, « que des mesures de contrôle sévères et des recherches vexatoires ne manqueriaent pas d'irriter. »

S'inspirant des mêmes préoccupations. M. Lelièvre adversaire de la proposition de Gasté, objectait à la déduction que le seul moyen de contrôle du passif était, selon lui, « de placer à la porte de chacun un agent pour surveiller les intérêts de l'Etat, et de faire procéder à un inventaire. » Or, ajoutait-il, ce serait inacceptable.

La difficulté n'est pas aussi grande qu'on le dit ; il suffit de trouver un moyen conciliant l'intérêt du Trésor avec les justes susceptibilités des particuliers.

On a proposé l'inventaire.

Nous répondrons avec M. Borie (1) que l'inventaire

(1) Journ. Officiel. Chambre ; annexes, 1890, p. 556.

par lui-même n'a jamais fait titre que c'est un acte énonciatif et non déclaratif.

L'administration elle-même a établi la doctrine suivante : « Les déclarations de dettes passives dans les inventaires ont uniquement pour objet de donner un aperçu de l'avoir et des charges de la succession ou de la communauté : elles sont de l'essence de l'inventaire et en forment partie intégrante ; elles ne peuvent engager l'héritier ou l'époux déclarant, ni former obligation au profit des créanciers désignés ; en un mot, elles établissent une simple présomption insuffisante à défaut des titres positifs, et inutile s'il en existe » (Décision ministérielle des finances du 30 floréal an XIII. Instruction de l'administration du 3 fructidor an XIII. N° 290, § 18) (1).

Il en résulte que l'inventaire pur et simple, tel qu'on le conçoit dans la législation en vigueur, serait une garantie insuffisante pour le Trésor.

Dès lors un autre mode de justification s'imposait pour ainsi dire à l'attention : le serment. On sait que, du jour où le principe de la déduction du passif avait été adopté, la Belgique avait employé ce moyen de justification qu'elle ne supprima qu'en 1830. Certains auteurs sont d'avis d'introduire chez nous un système analogue. M. Marcel Fournier propose notamment de faire affirmer par serment dans un inventaire judiciaire le passif laissé par le défunt (2).

(1) Rapportées par M. Borie. *Journal Officiel* loc. cit.

(2) Revue politique et parlementaire, 10 novembre 1894.-1894 tome II p. 427.

Nous n'avons, malgré tout, qu'une confiance très limitée dans l'efficacité du serment.

L'exemple de la Belgique nous montre combien la fraude est active même dans une législation n'acceptant que les déclarations de dettes faites sous serment. Cette garantie du serment devient illusoire si elle n'est accompagné d'aucun autre contrôle. En outre il est dangereux de placer le contribuable entre sa conscience et son intérêt. En matière civile le serment est décisoire et met la partie à l'abri de toute recherche ultérieure du chef de l'objet du serment. En matière fiscale le serment n'a pas et ne peut pas avoir la même valeur ; la preuve en est dans ce qui se passe chez nous pour les déclarations de successions.

L'administration de l'enregistrement a introduit dans la pratique la formule suivante placée au bas des déclarations : « *certifié sincère et véritable par le comparant qui a signé* ». Cette certification présente certaines analogies avec le serment. Les contribuables n'en sont pas moins portés à dissimuler le plus possible de valeurs mobilières. L'idée que « tromper l'Etat n'est pas voler » est profondément enracinée dans les masses, et la réalisation de cette conception est de pratique courante. Si la déduction des dettes affirmées par serment était introduite dans notre législation, combien d'héritiers n'hésiteraient pas à créer un passif fictif, malgré leur serment ?

Nous rejetons donc le serment comme mode de justification du passif.

moire : pour les actes authentiques, la date de l'acte, le nom et la résidence de l'officier public qui l'a reçu ; pour les jugements, la date du jugement et la juridiction dont il émane ; pour les actes enregistrés, la date du contrat et celle de l'enregistrement, ainsi que le bureau où la formalité a été remplie. Pour les autres dettes, ils représenteraient les titres correspondants, ou bien en produiraient une copie sur papier libre.

La loi, ainsi que le fait d'ailleurs le projet adopté le 2 mars 1900 par le Sénat, pourrait même forcer le créancier, sous peine de dommages-intérêts, à laisser prendre copie du titre qu'il a entre les mains ; cette copie serait également sur papier libre.

Enfin le créancier pourrait être contraint à certifier, dans une déclaration sur papier non timbré, l'existence de la dette au jour de l'ouverture de la succession.

Ces exigences ne sont pas vexatoires ; elles ne troublent pas la matière des contrats ni celle des preuves admises en droit civil.

D'ailleurs, pour la déclaration du passif comme pour la déclaration de l'actif, une fois l'œuvre des contribuables terminée, commence l'œuvre de l'administration.

Voici ce qui va se passer :

J'ai compris dans ma déclaration des dettes au sujet desquelles l'agent de l'administration juge les justifications insuffisantes, et qui ne paraissent pas de nature à être déduites, aux yeux de ce fonctionnaire. Il opèrera sa liquidation sans tenir aucun compte de mes observations ; à moi de demander, par voie amiable ou judiciaire, la restitution des droits indument perçus par suite de la non-déduction de ces dettes, au cas où leur existence serait plus tard reconnue (1)

A côté du contrôle administratif basé sur l'insuffisance des justifications fournies par les héritiers, on doit donner à l'administration deux autres armes, complément indispensable du mode de justification que nous venons d'exposer. Il faut prévoir en effet le cas où le contribuable a déclaré des dettes, qui n'existent pas, au moyen de justifications erronées. Il y a eu, par exemple, entente concertée entre l'héritier déclarant et un créancier attestant l'existence d'une dette fictive en vue de frustrer le Trésor. Une simulation de ce genre est plus grave qu'une omission dans la déclaration de l'actif, omission qui peut en effet être la suite d'un oubli ou d'une erreur involontaire.

L'affirmation par l'héritier qu'une dette existe, alors que cette dette ou bien n'a jamais existé ou bien est

(1) Voir en ce sens l'art 4 du projet voté le 2 mars 1900 par le Sénat.—Néanmoins, se basant sur le caractère plus accentué de sincérité que présentent les dettes constatées par acte authentique, le projet n'autorise l'administration à les comprendre dans les droits de succession qu'après avoir fait juger qu'elles sont simulées. La loi donne à cet effet à l'administration une action se prescrivant par deux ans à dater du décès.

soldée, une telle affirmation présente un caractère beaucoup plus grave que la simple omission.

A une fraude plus savante de la part de l'héritier doit correspondre logiquement une sanction plus rigoureuse aux mains de l'administration.

Aussi bien, dans une législation qui déduit les dettes, sans accompagner cette déduction de mesures inutilement vexatoires, on n'en doit pas moins permettre à l'administration de l'Enregistrement d'entrer en lutte avec le mauvais citoyen On doit lui donner, et le projet voté par le Sénat est en ce sens, la possibilité de discuter l'exactitude des déclarations de passif, et cela par des moyens de preuve beaucoup plus larges que ceux dont elle peut se servir aujourd'hui.

Aujourd'hui, en vertu de l'art. 65 de la loi de frimaire et de l'art. 17 de la loi du 27 ventose an IX, l'instruction des instances en matière d'enregistrement doit avoir lieu exclusivement par mémoires respectivement signifiés et tout débat oral est interdit à peine de nullité du jugement. D'où la jurisprudence a conclu que l'administration ou les parties ne peuvent invoquer, parmi les preuves du droit commun, que celles dont l'emploi se plie aux exigences de l'instruction par écrit, c'est-à-dire la preuve littérale, les présomptions, l'aveu consigné par écrit. On rejette donc la preuve testimoniale et le serment.

Le projet adopté par le Sénat, en face d'une situation nouvelle que créerait la déduction des dettes, a jugé bon d'accorder à l'administration l'emploi de la preuve testimoniale : on dérogerait alors, bien entendu, aux règles de procédure actuellement en vigueur. La procédure spéciale resterait maintenue, pour les cas où l'instruction continuerait à se faire par écrit, comme étant plus rapide et moins coûteuse.

Mais nous nous arrêtons à la preuve testimoniale, et nous ne jugeons pas indispensable, ainsi que le fait le projet adopté en 1895 par la Chambre des députés, d'autoriser l'administration à se servir du serment, le serment étant une mesure vexatoire et souvent inutile, et l'emploi de la preuve testimoniale constituant une mesure suffisamment appréciable pour qu'on en puisse rester là.

Nous estimons d'ailleurs que l'Administration doit avoir à sa disposition des armes, non seulement pour discuter la véracité des allégations du contribuable, mais encore pour frapper celui qui cherche, par des déclarations de dettes fictives, à diminuer sa propre part dans l'impôt pour en rejeter le fardeau sur ses voisins, c'est-à-dire sur tout le monde.

La déduction du passif est une mesure trop importante ; elle renferme pour le Trésor une part d'aléa trop considérable pour ne pas être appliquée au début avec beaucoup de prudence. Ne reculons donc point devant la peine du double et même du triple droit dirigée contre les contribuables assez malhonnêtes pour chercher à égarer sur une fausse voie les recherches de l'Administration en matière de passif.

Nous avons vu que la loi italienne n'hésite pas à punir les délinquants du quintuple du droit, et que la loi belge les punit du double, en sus du droit auquel ils ont voulu échapper.

Dans l'exposé des motifs qui accompagne son projet, M. Poincaré se déclarait également partisan d'une amende assez forte. « L'Enregistrement, disait-il, applique presque invariablement la peine du droit en sus quand il s'agit de déclaration fausse ou inexacte ayant entraîné préjudice pour le Trésor ; et pour un principe aussi nouveau que celui de la déduction des dettes, matière où l'esprit de fraude trouvera facilement à s'exercer, il ne faut pas désarmer l'Administration. On doit donc, dans de telles circonstances, doubler la pénalité habituelle (1). »

Tel est, en fin d'analyse, le système de justification le plus facilement applicable sous un régime successoral reposant sur la déduction du passif. Il simplifierait souvent les choses. En voici un exemple :

Supposons que Primus achète une propriété qu'il ne paie pas au comptant, mais par acomptes. L'inscription prise par son vendeur sur l'immeuble objet du contrat n'en reste pas moins debout jusqu'au paiement définitif. Pour chacun de ses paiements partiels, Pri-

(1) Le projet adopté le 2 mars 1900, par le Sénat punit (art. 7), les fausses déclarations d'une amende égale au triple du supplément de droit exigible ; et le prétendu créancier qui aura faussement attesté l'existence de la dette, sera tenu solidairement de la totalité de l'amende, et définitivement du tiers.

mus reçoit une quittance sous seing privé, se réservant de réclamer à l'époque du dernier paiement une quittance authentique et totale.

De ses quittances sous seing privé, Primus se servira dans l'occasion s'il vient à surgir des réclamations de la part du vendeur ; mais ses héritiers se garderont bien de les produire dans une législation admettant la déduction des dettes sans contrôle suffisant, afin de faire opérer la distraction de la totalité du prix de l'immeuble. Le vendeur, qui n'a pas d'intérêt à dévoiler cette fraude, s'en fera complice par son silence.

Il est aisé de comprendre qu'avec le système de justification que nous proposons, cette machination devient impossible, à raison de ce que le créancier doit certifier expressément l'existenee de la dette, à raison surtout de ce que, dans leur mémoire justificatif, les héritiers de Primus doivent indiquer la date du contrat de vente, acte constitutif de la dette, le nom du notaire qui l'a reçu ; au besoin, si c'est un acte sous seing privé, en donner une copie.

L'administration a donc entre les mains le contrat de vente. Ce contrat indique que depuis sa date jusqu'à la mort de Primus, il y a eu par exemple quatre termes de paiement échus. Dès lors ces quatre termes sont censés payés aux yeux du fonctionnaire qui reçoit la déclaration, et il ne devra en opérer la déduction qu'autant que les héritiers établiront légalement que ces termes n'ont pas été payés, et on exigera pour cela certaines preuves, par exemple une attestation du créancier.

Hors de là pas de déduction.

Ce mode de justification est clair, il est simple, il a le grand mérite d'être plus efficace que l'inventaire pur et simple ou le serment, surtout quand il se trouve accompagné des deux mesures que nous lui adjoignons : modes de preuve très larges accordés à l'administration pour discuter la sincérité des déclarations ; sanctions très sévères contre les déclarations de dettes fictives.

§ 2. — *Détermination du passif déductible*

La crainte de la fraude a non seulement fait hésiter les réformateurs sur les modes de justification à exiger ; elle leur a encore longtemps fait limiter très étroitement le passif déductible.

Par crainte de la fraude, M. Burdeau restreignait sa réforme aux dettes résultant d'actes authentiques ou de jugements. « Ce qu'il importe surtout d'éviter dans une réforme aussi considérable, lisait-on dans l'exposé des motifs, c'est la création d'un passif fictif. » Six mois plus tard, le projet de M. Poincaré s'arrêtait aux mêmes difficultés d'ordre pratique. Ce n'est pas que le gouvernement ne se dissimulât qu en procédant ainsi on désertait les principes mêmes de la réforme.

Qu'importe, en effet, la dette, si elle existe ? Mais, disait le ministre, « les solutions les plus rationnelles ne sont pas toujours les meilleures en finances. En présence de l'intérêt du Trésor, on doit compter avec la fraude. » La dette résultant d'un acte sous-seing privé, même enregistré, n'était pas plus admise à la déduction dans le projet de M. Poincaré, que dans le projet de M. Burdeau, et la raison donnée était que l'acte sous-seing privé, se prête trop à la fraude : « Comment empêcher une personne de souscrire au profit d'un tiers, d'un inconnu quelquefois, un billet qu'elle ferait enregistrer, qu'elle garderait ensuite par devers elle, de manière à ne pas constituer un titre entre les mains de ce dernier et que ses héritiers représenteraient, plus tard, au receveur afin d'obtenir la déduction. Pour les actes authentiques, au contraire, la solennité de l'acte, les frais qu'il entraîne sont autant de garanties de la sincérité des contractants. »

En réalité, les projets de MM. Poincaré et Burdeau, étaient trop étroits, ainsi que nous le démontrerons. M. Doumer, dans un rapport supplémentaire de 1895 (1), les qualifiait avec raison de timides. Les projets plus récents ont montré un peu plus de libéralisme.

On doit pourtant reconnaître que, dans une législation faisant porter l'impôt sur l'actif net, les héri-

(1) Chambre. Annexes, 1895, p. 895.

tiers ont fatalement tendance à exagérer les dettes de la succession. Il est dès lors naturel que le Trésor prenne des précautions contre les déclarations de passif fictives : la question du passif déductible doit donc être soigneusement examinée à côté de celle des moyens de contrôle qui peuvent être mis à la disposition du Trésor, afin de se rapprocher le plus possible d'un texte mettant d'accord l'équité et les intérêts du fisc.

A ce point de vue il n'est pas inutile de diviser les dettes qui peuvent grever une succession en plusieurs catégories, suivant leur caractère de sincérité plus ou moins grand, suivant en d'autres termes qu'elles se prêtent plus ou moins bien à la fraude. On peut à ce sujet distinguer les dettes hypothécaires, les dettes chirographaires constatées par acte authentique, les dettes chirographaires constatées par actes sous-seings privés enregistrés, les obligations contenues dans un acte ayant date certaine, quoique n'étant pas enregistré ; les actes sous-seing privé, enfin, n'ayant même pas date certaine. Il importe, en outre, de classer à part le passif commercial afin de voir s'il n'y aurait pas lieu de l'admettre à déduction.

A. — Les dettes Hypothécaires

Nous avons vu précédemment que, dès 1819, les auteurs des projets de réforme relatifs à la déduction du passif s'étaient surtout préoccupés de la nécessité de distraire les dettes hypothécaires du patrimoine imposable.

La distraction du passif hypothécaire a, malgré tout, rencontré des adversaires qui prétendent ne point apercevoir pour quelles raisons la dette hypothécaire jouirait de cette immunité. Ce qui nous inquiète, disent-ils, dans la déduction des dettes, c'est que nous prévoyons qu'à la faveur de la réforme, des gens peu scrupuleux comprendront dans leurs déclarations de succession tout un passif fictif. Or, ajoutent-ils, même en restreignant la réforme à la dette hypothécaire, l'embarras est toujours le même. L'existence de la dette hypothécaire, en effet, est-elle toujours certaine, facile à vérifier ? Mais non. Souvent la dette est depuis longtemps acquittée sans que l'inscription ait été radiée (1), car le créancier recule devant les frais d'une radiation et laisse subsister son inscription jusqu'à l'expiration de la période décennale. Le débiteur, muni de quittances sous-seing privé, est à l'abri des réclamations de son créancier ; mais si, dans l'intervalle qui sépare le paiement définitif et la péremption de l'inscription, le débiteur libéré vient à mourir, ses héritiers n'hésiteront pas à demander la déduction de la dette toujours constatée par l'inscription.

(1) Une note de l'administration des finances du 14 mai 1877 évaluait le chiffre des inscriptions hypothécaires non radiées, quoique les créances soient remboursées, à 5,700,000,000 sur 20 milliards, c'est-à-dire en définitive à plus du quart.

Telle est l'objection dressée contre la déduction du passif hypothécaire : nous y avons répondu par avance en exigeant dans notre § 1 d'étroites justifications, notamment la production du contrat constitutif ou de sa copie.

Par crainte d'un passif fictif, on est allé, dans certains projets, jusqu'à dire que la dette hypothécaire contractée par le défunt envers ses héritiers ne pourrait être déduite, comme si un malade ou un moribond était en réalité assez prévoyant pour éviter à ses héritiers de payer un droit de succession en se constituant débiteur d'une somme imaginaire : « Et s'il ne meurt pas ? dit M. Marcel Fournier (1). N'a-t-on pas oublié d'ailleurs que les frais d'emprunt par acte authentique coûteraient, au moins en ligne directe, aussi cher que le droit qu'on est supposé avoir voulu éviter ? »

M. Lelièvre, dans son rapport relatif à la proposition de Gasté, prévoit justement ce cas d'un vieillard, d'un malade qui, avant de mourir, souscrira par devant notaire aux héritiers collatéraux ou étrangers qu'il veut instituer une obligation hypothécaire d'une somme égale au moment du legs qu'il veut leur attribuer ; il suppose également un testateur qui, sans contredire à une réclamation judiciaire qui lui sera faite par un successible avec lequel il est d'accord, laissera ce dernier prendre en vertu de la décision intervenue inscription sur ses biens.

(1) Rev. Polit. et Parlementaire, 10 nov. 1894 (1894 t. II p. 427).

De deux choses l'une, répondrons-nous : ou l'héritier est un fils ou c'est un étranger. Dans le premier cas pourquoi le père se donnerait-il par acte authentique la qualité de débiteur de son enfant pour éviter un droit, alors que les frais de l'acte auront déjà coûté aussi cher que ce droit (1) Si le successible est un étranger, une autre considération milite en faveur de la déduction quand même : c'est que le genre de fraude que l'on prévoit n'est pas à redouter, autant qu'on veut bien le dire, dans notre société où chacun tient à demeurer le maître absolu de son avoir jusqu'au dernier moment. Nous ne disons pas que le cas ne puisse se rencontrer, mais ce sera toujours une hypothèse exceptionnelle que celle d'un vieillard se mettant à la merci d'un étranger, alors qu'il ne lui doit rien, en se reconnaissant définitivement et irrévocablement son débiteur, et en laissant prendre inscription hypothécaire sur ses biens. Le projet récent adopté par le Sénat a tenu compte de ces raisons : il admet les héritiers en faveur de qui le défunt a consenti une dette par acte authentique à prouver la sincérité de cette dette (art. 5, § 2).

Une difficulté particulière se présente au cas où le créancier a laissé périmer son inscription, alors que

(1) Ce raisonnement par lequel nous montrons qu'une dette hypothécaire contractée au profit d'un héritier en ligne directe n'est pas nécessairement pour cela fictive, peut ainsi qu'on le voit s'appliquer à toutes les dettes authentiques.

la dette subsiste néanmoins. Il est aisé de voir combien délicate au point de vue de la déduction du passif est la situation de l'héritier qui trouve dans la succession une dette hypothécaire dont l'inscription est périmée sans que la dette soit soldée.

Le cas se rencontre assez facilement d'un créancier qui, par négligence, par oubli ou par la faute de son homme d'affaires, a laissé périmer son inscription. L'affection hypothécaire existe quand même ; mais l'inscription n'ayant pas été renouvelée, la garantie du créancier devient telle qu'il est toujours en droit de reprendre son inscription, mais qu'il a perdu son rang. En d'autres termes, si son inscription était précédemment en tête de dix autres grevant l'immeuble, il ne viendra plus que le onzième, c'est-à-dire le dernier.

Est-il juste que les héritiers du débiteur aient à souffrir de cette situation et que l'acte de leur créancier les empêche de déduire la dette du montant de l'impôt ?

La raison nous dit que l'héritier ne doit pas avoir à subir de pareilles conséquences, puisque pour lui la dette est toujours existante.

Ne pourrait-on pas équitablement distinguer à ce sujet les inscriptions périmées, suivant qu'elles se rapportent à une dette hypothécaire échue ou non échue ? Autant il est naturel de présumer la négligence d'un créancier non payé lorsque l'inscription qu'il a prise se périme avant l'époque de l'échéance de sa créance ; autant il parait rationnel d'admettre sauf preuve contraire que la dette échue est payée. Dans le premier cas on doit supposer que la dette subsiste, et il en sera réellement ainsi dans la plupart des hypothèses : la péremption de l'inscription ne peut pas suffire à elle seule à faire admettre le contraire. Mais si la péremption s'applique à une dette échue, on n'admettra pas en principe la déduction de cette dette, parce que très souvent, nous l'avons dit précédemment, le créancier payé laisse en pratique périmer son inscription au lieu de la faire radier, afin de s'éviter des frais.

Le système de la Commission du Sénat, adopté par la haute Assemblée, est un peu différent : il déduit la dette *même échue* si elle se trouve garantie par une inscription hypothécaire périmée depuis moins d'un an. M. Cordelet (1) apporte les raisons suivantes à l'appui de ce système : « Si la dette n'est pas échue, la présomption est que le défaut de renouvellement de l'inscription provient d'une négligence du créancier ; et, même pour une dette échue, cette présomption peut être admise pendant un certain délai que M. le Directeur Général de l'Enrégistrement fixait à trois mois, que la Commission croit pouvoir porter à un an, en considération de ce que, dans ce cas, le débiteur n'est pas autorisé à détruire la présomption en rapportant une attestation du créancier. »

(1) Rapport au Sénat. — Sénat, Annexes. 1896, p. 291.

Quoi qu'il en soit de ces considérations spéciales à l'hypothèse d'une inscription périmée, nous n'en devons pas moins, au sujet du passif hypothécaire, conclure énergiquement dans le sens de sa déduction. C'est surtout à nos populations agricoles que profiterait la réforme appliquée au passif hypothécaire. « La situation des campagnes, dit M. Boudenoot, est telle que la plupart des biens ruraux sont hypothéqués, parce qu'un très grand nombre de cultivateurs ont dû se résigner aux emprunts hypothécaires ; et l'on peut dire que l'injustice de la loi de frimaire retombe ainsi plus lourdement et plus fréquemment aujourd'hui sur l'épaule du paysan (1). »

B. — *Les dettes constatées par des actes authentiques et par des jugements.*

Faut-il, avec la majorité des réformateurs du début, se borner à demander la déduction du passif hypothécaire ? Nous ne le pensons pas ; car ce serait contraire au bon sens, à l'équité et aux principes.

Au bon sens parce que, dans bien des cas, une dette non hypothécaire peut-être justifiée d'une manière aussi satisfaisante qu'une dette hypothécaire.

A l'équité, parce qu'en bonne justice, l'impôt des successions doit porter sur la valeur dont l'héritier

(1) Rev. Polit. et Parlementaire, 10 juillet 1894, tome I, p. 36.

s'enrichit, et que dans cette valeur ne rentrent évidemment pas les dettes, par quelque mode de preuve qu'elles se trouvent justifiées.

Aux principes enfin, car ce qui est transmis, c'est un ensemble dans lequel il y a deux masses : une active, une passive. Il n'y a pas à distinguer parmi les éléments de la masse passive, puisqu'on ne distingue pas parmi ceux de la masse active. Tout l'actif paie l'impôt ; donc, si l'on déduit le passif, tout le passif, quel qu'il soit, doit être déduit en principe, sauf à poser des conditions de justification.

Or, parmi les dettes chirographaires, pour lesquelles les conditions de justifications paraissent assez faciles à réunir, figurent au premier rang les dettes constatées par des actes authentiques.

Leur déduction va tellement de soi que les deux projets, si peu hardis pourtant, de MM. Burdeau et Poincaré comportaient la déduction de ces dettes. Il ne faut pas se dissimuler cependant que la déduction des dettes chirographaires constatées par acte authentique n'a pas en fait une bien large portée : on ne trouve guère, en effet, de source au passif dans des actes authentiques que s'il s'agit de dettes hypothécaires, ou encore de soldes de prix de ventes d'immeubles. Il est bien rare qu'on fasse une reconnaissance de dette par acte authentique sans y être obligé par une affectation hypothécaire qui exige un acte authentique : les frais en sont trop considérables et l'utilité nulle.

La formule des projets de 1894 est donc trompeuse : son libéralisme n'est qu'apparent. Bien plus, ces projets avaient le tort de mettre comme condition à la déduction des dettes authentiques cette circonstance qu'elles soient liquides lors de l'ouverture de la succession. La Commission spéciale avait en 1892 adopté un texte plus libéral, n'exigeant, pour admettre la déduction de ces dettes, que leur existence au jour de l'ouverture de la succession : il lui suffisait qu'elles soient liquides au jour de la déclaration de la succession. Cette distinction est acceptable : c'est celle des projets postérieurs. Comme par le mot *liquides*, on entend les dettes « certaines dans leur existence et déterminées dans leur *quantum* », du moment où la première condition « certitude de l'existence de la dette » est remplie au jour du décès, il faut, sous peine de rigueur inexplicable, admettre la déduction de la dette, pourvu que la seconde condition « détermination du *quantum* » soit remplie au jour de la déclaration de la succession, c'est-à-dire au jour où l'on établit le montant des droits successoraux.

A côté des dettes constatées par des actes authentiques, les projets de MM. Burdeau et Poincaré étendaient la déduction aux dettes résultant de jugements. Le mot « jugements » employé dans ces projets était plus large que celui de « condamnations judiciaires » que l'on rencontre dans certains projets antérieurs, notamment ceux de MM. Rouvier et Tirard. Ce mot comporte un sens plus étendu et constitue une expression générique embrassant toutes les décisions provenant des diverses espèces de juridictions (criminelle, correctionnelle, civile, administrative).

Les dettes constatées par jugements ont toujours été, depuis lors et sans difficulté, comprises dans tous les projets de réforme, notamment dans le projet récent de MM. Ribot et Doumer (argument du mot : titres susceptibles de faire foi en justice contre le défunt). C'est d'ailleurs une source de dettes présentant des garanties suffisantes de sincérité.

C. — *Les dettes résultant d'actes sous seing privé*

La déduction ne doit pas seulement s'étendre aux dettes hypothécaires et à celles qui résultent d'actes authentiques et de jugements. Nous posons en règle que toutes les dettes reconnues certaines dans leur existence doivent être déduites, quel que soit l'acte qui leur ait donné naissance. En d'autres termes, l'impôt successoral ne doit être perçu sur le patrimoine du défunt qu'après déduction de toutes les dettes pour lesquelles il n'est pas possible de présumer la fraude. Toutes les fois que l'acte originaire de l'obligation, qu'il soit authentique ou sous seing privé, contiendra certaines garanties indispensables de sincérité, nous admettrons l'héritier à soustraire la dette du montant de l'impôt.

Supposons un actif de communauté insuffisant à

remplir de ses reprises la veuve survivante, et cette dernière exerçant pour le surplus son action sur les propres du mari. Ces propres paient, malgré tout, l'impôt aujourd'hui. Dans une législation qui déduirait le passif dans les termes du projet de M. Poincaré, la succession du mari serait admise à déduire ou non la somme due à la femme, suivant que le droit de reprise aurait sa source dans un acte authentique ou un jugement, ou bien au contraire dans un acte sous seing privé.

Cette distinction serait-elle juste ? En aucune façon. On peut supposer la vente d'un immeuble de la femme par acte sous seing privé enregistré dans les trois mois de sa date conformément à la législation existante, ou bien l'aliénation de valeurs mobilières de la femme résultant uniquement d'un bordereau d'agent de change ou du bulletin d'un banquier, de pièces non enregistrées en un mot. Pourquoi ces documents, dont la production est suffisante pour fixer les reprises elles-mêmes, n'auraient-ils plus aucune énergie quand il s'agirait de déduire de la succession les dettes qui leur correspondent ? En vérite on ne le conçoit pas.

Nous n'admettons pas davantage une disposition légale qui écarterait a *priori* de la déduction les dettes sous-seing privé contractées en faveur des héritiers, légataires ou donataires. Une telle défiance vis-à-vis de ces dettes ne se justifie pas toujours. L'âpreté des vieillards à conserver jusqu'au bout la pleine et entière propriété de leur patrimoine n'est-elle pas dans la plupart des cas plus forte que leur désir de frauder l'enregistrement ? Et d'un autre côté pour quoi supposer qu'en principe les dettes contractées envers un héritier sont des dettes simulées (1) ? N'est-il pas naturel, au contraire, qu'une personne se trouvant dans un embarras d'argent s'adresse de préférence à un membre de sa famille, à un ami qui sera un jour son héritier, qu'à un inconnu, un étranger avec lequel elle est sans relations?

Supposons que Primus meure laissant dans sa succession une somme de 10.000 francs que, cinq mois auparavant, il avait empruntée à Secundus, son neveu, aujourd'hui son héritier. Secundus va-t-il avoir à payer le droit de succession sur ces 10000 francs qui, en définive, sortent de sa poche ? Lui opposera-t-on une fin de non-recevoir tirée de sa double qualité de successible et de créancier, lorsqu'il demandera à les déduire comme étant une dette de la succession ?

Il serait tout au moins exagéré, à notre avis, de rejeter purement et simplement les preuves et les raisons que Secundus pourrait apporter à l'appui de la sincérité de sa créance.

C'est le seul système rationnel. C'est celui que con-

(1) Voir plus haut, p. 132, ce que nous avons dit à propos des dettes hypothécaires et par actes authentiques contractées par le défunt envers ses héritiers.

sacre l'art. 5 § 2 de la Commission du Sénat, voté le 2 mars 1900, pour les dettes constatées par actes sous seing privé ayant date certaine avant l'ouverture de la succession autrement que par le décès d'une des parties contractantes.

Ces deux observations d'ordre général étant faites, nous rencontrons d'abord parmi les diverses catégories de dettes constatées par des actes sous-seing privé, celles résultant d'actes enregistrés. Elles présentent des garanties suffisantes pour venir en déduction. On peut dire des projets postérieurs à 1880 que tous, sauf ceux de MM. Poincaré et Burdeau, déduisent ce genre de dettes. Il y a même un avantage indirect pour le fisc à ce qu'il en soit ainsi : si les obligations enregistrées, en effet, jouissent, dans des conditions de justification plus faciles que les autres dettes sous seing privé, de la faveur d'être admises dans la masse passive déductible, les particuliers auront intérêt à faire enregistrer un grand nombre d'actes sous seing privé qu'ils soustraient aujourd'hui à la formalité de l'enregistrement. M. Borie, dans sa proposition de loi, à une époque où l'on ne songeait encore à déduire que le passif enregistré, évaluait à un million la plus-value annuelle qui résulterait pour l'Etat du plus grand nombre d'actes qui seraient soumis à l'enregistrement.

A côté des dettes sous seings privés enregistrés, nous rencontrons les dettes résultant d'actes sous seing privé non enregistrés. mais ayant acquis date certaine. Les déduirons-nous ?

Ce n'est que dans les propositions les plus récentes, et à la suite du projet de M. Ribot de 1895, que cette catégorie de dettes figure parmi le passif déductible.

La déduction de ces dettes rencontre pourtant de sérieuses objections empruntées à la possibilité des fraudes. On craint la simnlation d'un passif fictif.

M. Dufoussat, dans la séance du Sénat du 2 mars 1900, désireux d'éviter l'admission des passifs fictifs et d'obtenir la perception des droits sur toutes les valeurs actives, proposait une disposition additionnelle portant que toute déclaration d'existence de dette vaudrait titre pour le créancier, ou du moins constituerait un commencement de preuve par écrit. En 1878, M. Laroche-Joubert (1) avait déjà demandé l'introduction d'un principe semblable dans nos lois. Il est douteux cependant qu'une telle règle puisse être d'accord avec nos habitudes et se concilier avec les principes du Code Civil. On troublerait profondément toute la matière des contrats.

Nous en dirons autant d'un système proposé par M. Maguéro, agent supérieur de l'enregistrement, dans son traité « *la Dîme nationale* » p. 156 : « On

(1) Art. 9 d'une proposition de loi transformant notre système d'impôt de façon à ce que l'intérêt des populations nombreuses soit observé. Ch. Dép. Séance 18 janvier 1878. Journal Officiel, 31 janv. 1878, p. 892.

pourrait décider, d'après lui, que l'état du passif admis à déduction serait affirmé sincère par les héritiers devant le juge de paix ; que nulle quittance ou titre libératoire antérieur à la date de cet état, même signé du créancier, ne pourrait être invoqué par eux pour repousser sa demande en paiement. » Ces dispositions introduites dans la loi auraient sans doute un effet préventif assez puissant ; mais elles contrarieraient trop ouvertement les relations actuelles entre contractants pour nous paraître applicables.

A la vérité, la fraude est ingénieuse, elle est habile, elle emploie de nombreux stratagèmes. Nous ne saurions admettre cependant que la fraude soit une spécialité propre à notre nation, et nous sommes persuadés qu'il en est de même chez les autres peuples. Aussi bien, les armes employées à l'étranger pour défendre les intérêts du Trésor nous paraissent suffisantes pour assurer la perception de l'impôt dans notre pays où la fraude n'est pas plus intense, plus active, ni plus sagace qu'ailleurs. Or il importe peu, dans la plupart des législations étrangères, qu'une dette soit constatée par un acte sous-seing privé, pourvu qu'elle puisse être facilement prouvée sincère.

Il y a bien, sans doute, des dettes sur la sincérité desquelles on peut hésiter, par exemple les dettes échues depuis plus de trois mois. Aussi le projet du Sénat ne les déduit-il pas, à moins qu'il ne soit produit une attestation du créancier en certifiant l'existence. Le projet écarte également (art. 5, 5°) les dettes reconnues par testament, et les dettes qui grèvent les successions d'étrangers (« à moins qu'elles n'aient été contractées en France et envers des Français, ou envers des sociétés et des compagnies étrangères ayant une succursale en France. ») (1)

Mais il y a par ailleurs de nombreuses dettes dont l'existence est tout à fait constatée et qui ne pourront se justifier cependant par la production d'un titre enregistré.

C'est ainsi que nous avons vu plus haut que les reprises de la femme peuvent être absolument certaines sans, pour cela, que la preuve de leur existence résulte d'actes enregistrés ; par exemple la preuve de l'aliénation des valeurs mobilières appartenant à la femme peut ne résulter que d'un bordereau d'agent de change. Pourquoi ne pas les déduire ?

On peut citer d'autres cas où la dette, quoique non enregistrée, présente un assez fort caractère de sincérité pour être admise à la déduction. Les avances sur titres, notamment, qui sont de plus en plus nombreuses avec l'augmentation de la circulation mobilière, sont presque toutes consenties par des établissements de crédit. Le titre qui les constate est rédigé sous

(1) La partie du texte entre parenthèses a été introduite à la demande des Chambres de Commerce étrangères de Paris. C'est une mesure de faveur à l'égard des étrangers qui font profiter la France de leurs revenus. Voir d'ailleurs l'art. 5, § 5.

seing privé en autant d'originaux qu'il y a de parties en cause. Il n'est pas enregistré ; mais n'a-t-il pas une certaine valeur ? L'administration n'a-t-elle pas entrée dans toutes les sociétés anonymes ? N'y exerce-t-elle pas un droit d'examen et de contrôle ? Pourquoi ne pas déduire ces sortes de dettes ?

Un tuteur vient à mourir ; sa succession comprend des dettes courantes contractées par lui vis à vis de son pupille durant sa gestion. L'administration n'a-t-elle pas encore ici une garantie tirée de ce fait que le tuteur nouveau ne voudra pas engager sa responsabilité en simulant au nom de son pupille des créances qui n'existeraient pas dans la réalité ?

En résumé, il y a de bonnes raisons pour être aussi large que possible dans l'admission du passif à la réforme. Les frais funéraires et les frais de dernière maladie nous paraissent même susceptibles d'entrer en déduction. Leur existence est certaine. L'art. 2.101 du Code Civil en fait d'ailleurs des frais privilégiés : ils seront payés avant les droits mêmes de succession. Les législations étrangères les déduisent. Pourquoi n'en serait-il pas ainsi chez nous ? D'ordinaire, ils sont peu élevés. On ne les déduirait, dans tous les cas, que jusqu'à concurrence d'une limite raisonnable.

Loin de nous d'ailleurs la pensée que la fraude ne cherchera pas à se produire dans ces diverses hypothèses. N'oublions pas que nous avons des armes puissantes contre elle : l'exigence d'une justification étroite dans un mémoire écrit ; des moyens de preuve très larges donnés à l'administration pour combattre les allégations des héritiers ; des sanctions très sévères, enfin, dirigées contre les contribuables résolus malgré tout à frauder.

D. — Le passif Commercial

Depuis quatre-vingts ans que nos assemblées législatives discutent la question de la déduction du passif héréditaire, il faut arriver jusqu'en 1895, jusqu'au projet de M. Ribot, pour trouver dans les propositions de réforme une disposition relative au passif commercial. M. Guillemin, député, avait, en 1894, réclamé vainement la déduction du passif commercial devant la Commission spéciale chargée de l'examen du projet de M. Burdeau, quand l'existence et la liquidation de ce passif avant l'ouverture de la succession étaient dûment justifiées, notamment au moyen de la production des livres de commerce du débiteur tenus conformément à la loi.

N'est-il pas juste cependant de déduire du montant de la masse successorale l'équivalent des dettes commerciales comprises dans la succession ?

Or les projets de réforme même les plus libéraux, antérieurs à 1895, entraînaient cette conséquence, inique à coup sûr, qu'un petit commerçant qui n'est point propriétaire, qui n'a pas de biens susceptibles d'hypothèques et qui ne contracte pas de dette reconnue par acte authentique ou par un acte enregistré tout au moins, doit payer sur l'actif brut de sa maison de commerce. Qui profitait dès lors de ces projets ? se demande M. Marcel Fournier (1). « C'était, entre autres, le propriétaire rentier qui achète un immeuble grevé d'un prêt hypothécaire important, afin de profiter de la différence du produit d'une maison et des intérêts à payer. Est-ce réellement là le but de la réforme ? »

Frappé de ces raisons, le législateur en Angleterre, en Prusse, en Italie, en Belgique, admet les dettes oommerciales à la déduction. D'ailleurs la distraction du passif commercial correspond tellement aux préoccupations les plus naturelles des esprits que, dès 1840, M. Demante la réclamait au moins pour les dettes correspondant à des créances constatées dans une faillite.

Pourquoi les projets de réforme français, antérieurs à 1895, s'arrêtaient-ils à mi-chemin et refusaient-ils de déduire le passif commercial ?

Voici quels étaient, notamment, les arguments invoqués par le rapporteur de la Commission de 1894 à l'encontre de la proposition de M. Guillemin :

En face du passif commercial il y a un actif correspondant : un négociant qui gère bien ses affaires,

(1) Rev. pol. et parlem., 10 nov. 1894.

un banquier soucieux de ses intérêts, doit pour faire beaucoup d'affaires avec le moins d'argent possible, être constamment créancier et débiteur ; en fait, ajoutait-on, la compensation s'établit, entre le décès et l'époque de la déclaration de la succession, entre les valeurs dont le défunt était créancier ou débiteur à raison de son commerce, et il n'y a plus à déduire le passif puisque l'actif correspondant n'est pas frappé (1).

C'est à peu près l'argument de M. Burdeau dans son projet de 1894 : « Quant aux dettes commerciales, disait-il, le montant des effets de commerce, lettres de change, billets, souscrits par un commerçant ne constituent pas, le plus souvent, des dettes proprement dites. Ces titres forment la contre-partie des effets souscrits au profit de ce même commerçant. C'est une sorte de dette flottante. Or le montant de ces créances à court terme échappe, pour la plus grande partie, au paiement du droit de mutation par décès (2) ».

Ce raisonnement est mauvais en ce qu'il envisage la situation de la succession aux derniers jours du délai imparti aux héritiers pour déclarer la muta-

(1) Cette argumentation du rapporteur de la Commission de 1894 se trouve exposée dans un article de M. Salefranque. Rev. Pol. et Parlem. Décembre 1894, t. II, p. 443.

(2) M. Burdeau parle aussi, en faveur de la non-déduction du passif commercial « des incertitudes et des longueurs des vérifications des livres de commerce ».

tion. Or la situation que la loi doit considérer et frapper est celle qui existe au jour même de l'ouverture de la succession, à l'instant du décès du *de cujus*. Entre le décès et le jour de la déclaration, toutes les opérations intermédiaires sont le fait de l'administration des héritiers et non du défunt. La loi successorale n'a pas à s'en occuper.

L'argumentation est encore inexacte en ce qu'elle établit une compensation au point de vue de l'impôt entre les créances et les dettes commerciales, voulant dire par là que, l'actif commercial échappant à l'impôt, il n'est pas trop rigoureux que le passif y soit soumis. Or la loi ne dispose nulle part que l'actif commercial, à la différence de l'actif civil, ne doit pas être compris dans la déclaration des héritiers. En fait, il se peut que l'actif commercial ne soit pas habituellement déclaré. Mais ce n'est qu'un fait.

Bref, il n'y a pas de raison de principe pour faire écarter la déduction du passif commercial. Bien plus, l'équité réclame la déduction de cette catégorie de dettes : « L'état habituel et nécessaire des commerçants, disait Crétet, l'un des rapporteurs de la loi de l'an VII, étant de faire plus d'affaires sur leur crédit que sur leurs capitaux, il en résulte que, plus l'actif de leur succession a d'étendue, plus aussi leur passif est considérable ; en sorte que, le droit d'enregistrement portant sur le brut, il se percevra et sur les facultés des héritiers et sur celles des créanciers. Quelquefois même, lorsque la succession se trouvera insuffisante, le droit pèsera uniquement sur les créanciers ».

Il est vrai que la déduction du passif commercial offre de grandes difficultés d'exécution, notamment pour fixer les garanties à donner au Trésor. Le seul moyen de justification suffisant serait de recourir, comme dans la législation italienne, à la représentation des livres de commerce. Pourquoi pas ?

On dira sans doute que c'est un procédé inquisitorial. Mais alors y seraient seuls soumis les commerçants qui voudraient bénéficier de la déduction du passif. La déduction du passif commercial serait dès lors facultative. La loi dirait au contribuable : De deux choses l'une : ou vous voulez que le passif commercial soit soustrait de la masse successorale pour la liquidation de l'impôt, montrez alors vos livres de commerce, nous contrôlerons ainsi vos dires ; vous craignez, au contraire, l'ingérence des agents du Trésor dans vos affaires ; libre à vous ; dans ce cas vous paierez sur l'actif brut.

La communication des livres de commerce n'est-elle pas, d'ailleurs, admise déjà dans notre législation fiscale, notamment en cas de cession de fonds de commerce ou de parts sociales ?

Et pourquoi ces vérifications ne seraient-elles pas possibles en France, alors qu'elles sont effectuées sans difficulté à l'étranger, où certainement on n'accepte pas sans examen les affirmations des contribuables ?

Grâce aux modifications apportées par M. Ribot au projet de M. Poincaré, le texte actuellement en suspens devant les Chambres admet la déduction des dettes commerciales, sous la condition qu'elles soient prouvées par les livres de commerce. Le projet le plus récent, celui voté le 2 mars 1900 par le Sénat, ajoute (art. 2) que les dettes contractées par des non-commerçants envers des commerçants et relatives au commerce de ces derniers, pourront à défaut de titre être justifiées par les livres de commerce du créancier. Mais aux termes de l'art. 3, le commerçant créancier ne pourra être, en aucun cas, contraint à communiquer ses livres de commerce.

Par suite de la représentation des livres de commerce du défunt, non seulement les dettes apparaitraient, mais on saisirait encore l'actif mobilier qui échappe aujourd'hui dans de grandes proportions à la perception de l'impôt. Ce serait un des avantages du nouveau système.

N'oublions pas que, même dans la législation actuelle, il y a certaines dettes commerciales dont on opère la déduction préalablement au paiement de l'impôt successoral. Nous avons vu précédemment, en effet, que, pour toutes les entreprises commerciales ou industrielles formant une association douée de la personnalité morale, l'impôt des mutations n'est perçu que sur la part nette revenant dans l'actif social à l'associé décédé.

Il est impossible de prévoir les nombreuses applications qui surgiraient de l'idée de la déduction du passif commercial. La nouvelle mesure profiterait même à la petite propriété. Voici ce que disait sur ce point M. Borie dans sa proposition de loi de 1890 : Il citait le cas du cultivateur qui, dans certains pays, augmente son cheptel à certaines époques de l'année soit pour accomplir des travaux agricoles d'une assez courte durée, soit pour faire consommer ses fourrages et bénéficier du croît. Ce sont des actes d'administration diligente. Bien qu'on n'y puisse pas voir de véritables actes de commerce, il faut cependant tenir compte de ce que, pour faire cette opération, la plupart des cultivateurs souscrivent au banquier, à l'escompteur, au prêteur en un mot, un billet à ordre. L'époque du paiement coïncide avec le moment où le paysan compte sur ses récoltes, sur ses bénéfices pour se libérer. Dans les projets qui écartent de la déduction le passif commercial, les dettes de cette nature sont exclues par la seule raison que leur titre, billet à ordre, est une valeur commerciale. Est-ce juste ?

Pour conclure, nous considérons que le passif commercial doit, au même titre que le passif civil, être admis à la déduction, moyennant un mode de justification tout indiqué : la représentation des livres de commerce du défunt.

CHAPITRE II

Deuxième objection : — Le déficit budgétaire

Parmi les nombreuses objections soulevées contre les projets de déduction du passif héréditaire, il n'en est guère de plus puissante que celle relative au déficit considérable que l'adoption de la réforme creuserait inévitablement dans le budget.

La difficulté est d'autant plus grande aujourd'hui, que nous n'en sommes plus à l'époque où, les budgets étant en excédent, on pouvait diminuer purement et simplement le passif sans augmenter les droits à acquitter par ceux qui recueillent une fortune liquide. « A raison de la situation de nos finances, disait à ce sujet, M. Labiche au Sénat, le 2 mars 1900 (1), il a été considéré comme un principe depuis quelque temps que toute réforme fiscale devait se suffire à elle-même, qu'il ne fallait par conséquent consentir aucun dégrèvement sans un accroissement de recette équivalent. » De là vient le gros obstacle à la réalisation d'une réforme des plus justifiées.

(1) Journal Officiel. Débats Parlementaires, 1900. Sénat, p. 82.

Certes, l'obstacle financier a une puissance qu'il est impossible de nier. Mais il n'est pas pour cela insurmontable. M. de Butenval disait à ce propos, en 1869, devant la Commission de l'Enquête agricole : « Dans un pays dont le budget dépasse deux milliards, trouver un virement de 10 et même de 20 millions ne me paraît pas un de ces problèmes qui appellent forcément les considérations de la politique et les méditations de l'homme d'Etat. Cela peut se traiter plus simplement, et, dans un budget comme le nôtre, il est facile d'arriver à un virement semblable (1). »

Voyons d'abord à quelle somme peut être évaluée la perte que ferait subir au Trésor la déduction du passif.

Bien qu'il ne soit pas très aisé de donner des chiffres précis, on peut néanmoins citer quelques-unes des évaluations fournies par ceux qui ont fait de la question une étude spéciale.

Le rapporteur de la Commission de l'Enquête agricole, M. Josseau, estimait la perte du Trésor à 25 millions (2) M. Roy, alors directeur de l'Enregistrement, se prononçait pour 33 millions (3). En 1876, M. Léon

(1) L'argument de M. de Butenval aurait encore plus de force aujourd'hui où les budgets dépassent 3 milliards. En 1897, notamment, le budget s'élevait à 3 milliards 385 millions.

(2) Enquête Agricole. Doc. génér. 1re série, tome 4, p. 22.

(3) Enquête Agricole, loc. cit, p. 61. — M. Roy y fait cette remarque qu'avec la réduction des tarifs d'un quart, réforme alors proposée, le déficit ne serait plus que de 25 millions.

Say fixait à 30 millions environ le déficit que la réforme devait entraîner. D'après des notes émanées de l'Administration de l'Enregistrement et rapportées dans l'exposé des motifs de la proposition de M. Borie (1), le chiffre représentant la perte du Trésor était estimé en 1877 à 27 millions à peu près.

En ce plaçant au point de vue des nouveaux projets et notamment au point de vue du projet très libéral de M Ribot, M. Doumer, le ministre qui fit voter à la Chambre ce dernier projet, a proposé de porter l'évaluation du dégrèvement au cinquième du produit de l'impôt au lieu du huitième, chiffre donné dans les projets antérieurs. Or l'impôt successoral a produit en 1893, année moyenne, une somme de 188.400.844 francs (2). Donc le déficit, étant du cinquième, serait de 37 millions à peu près (3).

Comme dans toutes ces évaluations, les deux termes, dette hypothécaire et dette chirographaire, ne peuvent être établis avec certitude (4), il ne faut pas

(1) Journal Officiel. 1890, Chambre Doc. Parlem. p. 568.

(2) Rapport de M. Cordelet, au Sénat 1886. Doc. Parlem. p. 288.

(3) M. Jamais et M. Burdeau évaluaient dans leurs projets le déficit à 25 millions, ce qui équivaut à peu près au 1/8 du produit de l'impôt. M. Doumer dans son premier rapport du 10 novembre 1894 à la Chambre (avant l'extension donnée a la réforme, à l'instigation de M. Ribot) proposait le même chiffre de 25 millions.

(4) Voir page 65 ce que nous avons dit du peu de certitude des chiffres relatifs à l'évaluation du passif même hypothécaire. Malgré cela, aux yeux de certains auteurs, la dette hypothécaire est considérée comme à peu près connue. MM.

attacher une importance trop étroite à ces diverses opinions.

Malgré tout, nous devons conclure que la perte serait à peu près d'une trentaine de millions.

Une considération pareille n'est pas de nature à faire écarter la déduction du passif, que l'équité réclame impérieusemeut. La question doit être placée sur son véritable terrain : il s'agit de trouver sous une forme quelconque le remplacement de ces trente-cinq millions.

La solution qui se présente la première à l'esprit, et c'est d'ailleurs la plus simple, consiste à augmenter l'impôt d'une portion égale à la diminution que lui fait subir la déduction des dettes. Qu'on surélève d'un cinquième les tarifs existants, puisqu'il est constaté que la réforme amoindrira d'un cinquième le produit de l'impôt ; on désintéresse ainsi le fisc en même temps que l'on fait cesser l'injustice actuelle.

Personne n'a cependant proposé cette solution. On a cherché quelque chose de plus compliqué : M. Crémieux avait proposé en 1849 de frapper les successions mobilières pour faire face au déficit causé par la déduction, si son projet était adopté. (Il arriva que les successions mobilières furent frappées en 1850

Léon Faucher (De la situation financière du budget, p. 9) et Emile de Girardin, (De l'impôt, p 40) l'évaluent au tiers de la valeur vénale des immeubles ; M. Roy, Directeur de l'Enregistrement en 1869, l'estimait au 1/5 environ de la valeur de la propriété (Enq. Agric. Doc. Gén. tome 4 p. 83).

sans que la déduction fut admise). M. Tirard en 1888, pour compenser la perte du Trésor, proposait, entre autres ressources, une majoration de tarifs sauf pour la ligne directe, une élévation dans les tarifs applicables à l'Algérie, un droit de 6 0/0 sur les primes et lots. M. Boudenoot, dans son rapport du 4 juillet 1892, adoptait un système de compensation à peu près analogue.

M. Méline et M. Gamard, désireux d'épargner à la propriété foncière la charge de nouveaux impôts, s'en prennent surtout aux valeurs mobilières ; et comme, dans une succession, elles échappent facilement à l'action du fisc, ils proposent de leur faire subir un équivalent de l'impôt successoral, qu'il est à peu près impossible de leur faire payer, en leur appliquant une sorte de taxe d'abonnement (1). La fortune mobilière étant, d'après M. Gamard, de 80 à 120 milliards fournirait une partie des ressources nécessaires pour faire le dégrèvement. « On saisirait, dit-il, toutes ces valeurs au moment où elles passent à un guichet ; car il y a bien un moment où ces valeurs se présentent à un guichet ; c'est lorsque les porteurs viennent toucher le coupon. On leur ferait alors subir une retenue. » Ce

(1) M. Méline : Discours à la Chambre des Députés, 18 nov. 1895, Journ. Officiel, p 2390. — M. Gamard : Discours à la Chambre des Députés, 12 nov. 1895, Journ. Officiel, p. 2318 — et proposition de loi déposée par M. Gamard, le 13 juil. 1895 à la Chambre sur la déduction des dettes en matière de succession. 1895. **Annexes, Chambre, p. 886.**

que veulent éviter surtout les deux honorables promoteurs de ce système, c'est l'élévation et surtout la progression des tarifs que comporte la réforme de MM. Poincaré et Doumer.

Autour de cette idée de la progression se sont livrées de nombreuses batailles depuis 1894, et la déduction du passif s'en est trouvée reculée d'autant.

Le principe en matière d'impôt successoral étant, avant tout, de ne pas demander à l'héritier un droit supérieur à une ou deux années de revenu, afin de ne pas l'obliger à vendre une partie de l'héritage, et ne pas amener sa liquidation forcée, il faut chercher les trente-cinq millions dont on a besoin dans un impôt qui réponde à cette nécessité d'ordre économique. Malgré cette raison que donnait M. Méline en 1895, les choses ont marché depuis, et le projet qui se trouve aujourd'hui à la veille d'être voté consacre comme contre-partie de la déduction des dettes l'impôt progressif sur les successions. La Commission du Sénat, malgré le vote de cette dernière Assemblée le 7 février 1898, est encore hésitante sur ce point cependant.

Il y a d'ailleurs de grosses raisons contre l'impôt progressif sur les successions. Notamment, cet impôt est plus dangereux que l'impôt progressif sur le revenu. L'impôt progressif sur le revenu, en effet, touche à des revenus, à des produits, mais rien qu'à des revenus, rien qu'à des produits, tandis que cet impôt progressif sur les successions va toucher à la force productive elle-même. La progression, dit-on, est faible. Cela importe peu. Ce qui importe surtout, ce qui est grave, dangereux, c'est le principe qui est introduit dans la loi ; parce que, si ce principe est admis, on ne s'arrêtera plus, et lorsqu'on sera dans un embarras financier quelconque, on augmentera la progression.

On peut bien nous objecter que, si l'impôt est proportionnel, il est facile également de l'augmenter, et que nous-même, tout à l'heure, avons parlé d'une augmentation d'un cinquième. Sans doute. Mais si c'est possible en droit, c'est moins facile en fait ; car, lorsqu'il s'agit d'augmenter un impôt proportionnel, tous les contribuables étant frappés, on se trouve en face de la masse qui résiste et non plus seulement, comme dans l'impôt progressif, en présence d'une minorité, la minorité des grosses situations de fortune.

Quoiqu'il en soit de ces diverses compensations qu'on s'applique à chercher pour rétablir l'équilibre budgétaire atteint par la réforme, il est certain que des considérations purement fiscales ne devraient pas ainsi battre en brèche ce qui est la justice, ce qui représente aux yeux des contribuables les revendications les plus justifiées. Ne pourrait-on pas, d'ailleurs, parmi les nombreuses propositions présentées à propos de la déduction du passif, emprunter simultanément une partie des ressources dont on a besoin à chacun des modes indiqués par les réformateurs : relèvement de tarifs pour les collatéraux et les étrangers, relèvement de quelques unités dans le taux d'évaluation des immeubles ruraux, assiette de l'impôt sur la valeur vénale des propriétés d'agrément (1), élévation du droit sur les primes et lots, faible taxe sur les valeurs mobilières, etc..... ? On ne ferait pas ainsi supporter directement et complètement la surcharge des trente-cinq millions à une seule catégorie de biens ou de personnes.

Dans tous les cas, l'objection fiscale n'est pas suffisante pour asseoir plus longtemps l'impôt des successions sur la valeur brute du patrimoine transmis, ni pour ajourner davantage une réforme comme celle-ci, où l'on a pour soi, avant tout, les raisons d'équité les plus impérieuses.

(1) Voir sur l'évaluation des immeubles ruraux et des propriétés d'agrément le chapitre suivant.

CHAPITRE III

Troisième Objection : — La prétendue nécessité d'un nouveau mode d'évaluation des immeubles

---

« Aujourd'hui, dit M. Mathieu Bodet dans son Traité des Finances, la valeur des immeubles est déterminée d'après le revenu des biens ruraux multiplié par 25. Il en résulte qu'une ferme louée 3,000 francs, qui généralement vaut 100,000 francs, n'est évaluée qu'à 75,000. Avec une législation autorisant la déduction des dettes, on ne pourrait pas maintenir ce mode de liquidation, car il aurait pour conséquence, dans un grand nombre de cas, d'affranchir même l'actif net de tout impôt de mutation. En effet, dans une succession ayant pour tout actif une ferme d'une valeur de 100,000 francs et une dette de 75,000 francs, si l'évaluation est faite au denier 25, l'actif et le passif se compensant, il ne sera perçu aucun droit de mutation. Cependant l'héritier recueillerait bien en réalité une valeur nette de 25,000 francs ».

La conséquence que l'on indique, c'est que la déduction des dettes doit être accompagnée comme corollaire d'un nouveau mode d'évaluation des immeubles assis sur la valeur vénale. Or, dit-on, la valeur vénale substituée à la valeur conventionnelle d'aujourd'hui entraînerait une aggravation de charges pour la propriété rurale, déjà si lourdement atteinte. C'était notamment l'argument de M. Gaslonde en 1849 ; c'était aussi l'objection apportée par M. Lelièvre dans son rapport de 1880 relatif à la proposition de Gasté : « Quel bénéfice, disait-il, la réforme va-t-elle donc donner au propriétaire, au cultivateur surtout dont on paraît avoir l'intérêt en vue ! Un immeuble valant 200,000 francs et produisant un revenu de 6,000, paie aujourd'hui des droits sur 6,000 × 25, c'est-à-dire sur 150,000 francs. Avec la réforme il paiera sur 200,000 francs. Tout le poids de l'impôt retombe ainsi sur l'épaule du paysan ».

Est-il exact de dire que la déduction du passif entraîne fatalement comme conséquence l'établissement de l'impôt sur la valeur vénale des immeubles ?

Voyons d'abord à cet égard comment les principaux parmi les récents projets de réforme résolvent la question.

Il y a lieu de distinguer trois systèmes principaux : le premier en date adopte franchement la valeur vénale comme base d'évaluation des immeubles ; c'est celui que présentait M. Borie dans sa proposition de loi du 9 juin 1887 et qu'il exposait de nouveau à la tribune de la Chambre dans son discours du 12 mars 1891 ;

c'était aussi le mode accepté par le projet gouvernemental de 1864.

Des deux autres systèmes l'un, celui du projet de M. Tirard, où la déduction du passif est facultative pour l'héritier, n'asseoit l'impôt sur la valeur vénale que pour les successions où la déduction est demandée par les intéressés (1) ; l'autre, posé par les projets suivants, admet en principe la valeur vénale, mais avec cette restriction que l'évaluation conventionnelle d'aujourd'hui reprend son empire toutes les fois que ce dernier mode est plus avantageux pour le Trésor (2).

En face de ces trois systèmes, admettant plus ou moins la valeur vénale, on trouve en faveur du *statu quo* les projets tout nouveaux, tels qu'ils sont sortis des délibérations de la Chambre des Députés et du Sénat (3).

A laquelle de ces quatre solutions devons-nous nous rallier ?

Deux d'entre-elles sont franchement mauvaises : celle des projets de MM. Poincaré et Burdeau, et surtout celle indiquée par le projet de M. Tirard.

(1) Projets de MM. Tirard et Rouvier : 27 mars 1888, 28 novembre 1889.

(2) Rapport de M. Jamais : 27 mars 1890. — Vote de la Chambre en 1re délibération : 12 mars 1891. — Rapport de M. Boudenoot : 4 juillet 1892. — Projet de M. Burdeau : 8 février 1894. — Rapport de M. Dupuy Dutemps : 5 juillet 1894. — Projet de M. Poincaré : 24 juillet 1894. — 1er Rapport de M. Doumer : 10 novembre 1894.

(3) Séances de la Chambre du 22 novembre 1895 et du Sénat du 2 mars 1900.

La solution proposée par MM. Tirard et Rouvier, à savoir que, la déduction étant facultative, les héritiers qui l'invoqueront paieront seuls sur la valeur vénale, cette solution est marquée au coin d'une rigueur inexplicable. Dans ce projet, le contribuable qui demande la déduction doit subir en conséquence une liquidation des droits sur la valeur vénale (1). C'est là un procédé injuste qui atteint surtout les immeubles ruraux, auxquels le législateur devrait plutôt réserver des mesures de faveur ; car, dans l'état actuel, c'est déjà la propriété immobilière qui fait tous les frais de nos recettes successorales.

Dans un pareil système l'héritier qui ne recueille que des valeurs mobilières a intérêt à payer sur le net ; car, si peu élevé que soit le chiffre des dettes, il trouve avantage à l'application du projet de M. Rouvier, puisque l'évaluation de l'actif ne change pas. Mais si la succession comprend des immeubles, et surtout des immeubles ruraux, on augmente d'un cinquième votre capital actif ; de sorte que personne ne s'avisera de demander la déduction du passif sur un immeuble rural, tant que ce passif n'atteindra pas au moins le sixième du capital obtenu par le denier 30.

Cette combinaison nous semble inacceptable : si la déduction des dettes est désirable, et elle nous le paraît après tout ce que nous en avons dit, il faut l'in-

(1) Elle ne pourra pas être inférieure au produit de la capitalisation faite aux deniers 20 et 30.

troduire dans la législation obligatoirement, et ne point faire supporter toute la charge de la réforme aux propriétaires ruraux pour qui déjà l'impôt des successions est si lourd.

Le système proposé dans les projets de MM. Poincaré et Burdeau ne se justifie pas davantage ; si l'assiette de l'impôt sur le produit net des successions doit, en bonne justice, être accompagnée de l'évaluation des immeubles d'après leur valeur vénale, si ce procédé est, comme on le soutient, le seul conforme aux principes, pourquoi y déroger dans un cas particulier, le cas où le Trésor perdrait à ce nouveau calcul. Du moment que c'est au nom de l'équité que l'on propose l'adoption de la valeur vénale, l'équité ne s'oppose-t-elle pas dans tous les cas à ce que la valeur fictive de capitalisation entre en jeu ? En vérité, on ne conçoit pas raisonnablement qu'il en puisse être autrement, et l'on ne peut invoquer en faveur de l'exception de MM. Burdeau et Poincaré qu'un motif rigoureusement fiscal. Ce n'est pas suffisant à nos yeux pour justifier ce système.

La valeur vénale, d'ailleurs, s'impose-t-elle au nom de la justice, à côté de la déduction du passif héréditaire ?

M. Borie le prétend ; il donne les mêmes exemples que M. Mathieu Bodet. Sans doute, il peut invoquer en faveur de sa thèse l'exemple de plusieurs législations étrangères, de l'Italie, de l'Autriche, de la Prusse notamment.

M. Jamais disait également que la déduction du passif et la perception du droit sur la valeur intégrale de l'actif libéré de toutes charges sont deux idées qui se correspondent et se déduisent l'une de l'autre.

Malgré l'autorité des partisans de la valeur vénale nous préférons rester dans le *statu quo*: la question de la valeur vénale et celle de la déduction sont deux questions indépendantes, et on ne peut les lier que pour procurer au fisc une compensation.

Nous disons que la valeur conventionnelle n'est pas contradictoire avec la distraction des charges (1) : M. Hubert Delisle s'exprimait dans ce sens au Sénat en 1869 ; pour lui ce mode d'évaluation était plus rationnel et plus juste que l'adoption de la valeur vénale pour l'établissement du droit, la valeur vénale n'étant souvent qu'une valeur de circonstance, une valeur mobile. C'était aussi l'idée de M. Raiberti (2): la valeur de capitalisation est d'après lui une valeur certaine ; car c'est le produit d'un taux de capitalisation fixe (qui peut-être gagnerait à changer tous lescinq ans en proportion de la fortune publique) et du revenu, c'est-à-dire « d'une autre quantité constante, puisqu'elle est « fournie par une comparaison mathématique quand « elle n'est pas fournie par l'enregistrement. » Rien

(1) C'était l'opinion de M. de Parieu en 1869 devant la Commission de l'Enquête agricole (Documents Généraux tome 4, p. 102) : « La question de la valeur vénale, disait-il, est tout à fait isolée de la première (la question de la déduction des dettes). »

(2) Discours à la Chambre, 12 mars 1891.

n'est moins certain au contraire que la valeur vénale telle qu'on la propose : la valeur vénale n'est pas le prix réel, ce n'est qu'un prix possible variant d'un endroit à un autre, d'un moment même à un autre moment, produit des circonstances, différent suivant le lieu, le temps, les personnes.

M. de Marcère, en 1872, invoquait précisément cet argument contre la valeur vénale : « les propriétaires, à moins de vendre, ne peuvent jamais connaître exactement la valeur vénale de leurs immeubles, tandis qu'ils savent toujours parfaitement quel est leur revenu. D'autre part l'administration a en mains de nombreux éléments au moyen desquels elle peut connaître le revenu réel. »

D'ailleurs, dans un système d'impôts dominé comme le nôtre par la règle des signes extérieurs, il n'y a pas en général pour les mutations à titre gratuit de signe extérieur plus certain que le revenu, et c'est un motif de plus pour conserver le *statu quo*.

On échappe en même temps au gros embarras qu'entraînerait l'adoption de la valeur vénale : on évite en effet la surcharge imposée aux immeubles ruraux par le prélèvement de l'impôt sur leur valeur réelle.

Il est utile cependant de faire observer que, dans l'état actuel, le taux de capitalisation est légèrement insuffisant pour ces derniers biens ; et qu'il l'est surtout quand il s'agit de propriétés d'agrément. M. Burdeau se préoccupait justement de cette dernière hypothèse. Le projet du Sénat du 2 mars 1900 s'occupe également de la question : il la résout pour le maintien de la valeur conventionnelle en principe, avec une exception pour les propriétés d'agrément : l'art. 9 dispose en effet que « l'administration aura le droit de liquider le droit sur la valeur vénale en ce qui concerne les immeubles dont la destination actuelle n'est pas de procurer un revenu ».

On pourrait aussi, étant donnée la grande amélioration qui serait apportée à la condition des biens ruraux par l'adoption de la déduction du passif, élever de quelques unités le taux de capitalisation de ces immeubles, puisqu'il est avéré que le taux actuel est absolument inférieur à la réalité dans cette hypothèse et qu'il n'a été maintenu jusqu'à ce jour dans la législation qu'à raison de la surcharge imposée d'autre part au paysan par la non-déduction du passif.

On conserverait toujours la base du revenu, mais on cesserait ainsi de donner à l'impôt une assiette inexacte, pour se rapprocher le plus possible de la valeur vraie, de la valeur réelle des biens.

CONCLUSION

Considérations d'ordre économique en faveur de la réforme

Parmi les principes fondamentaux qui doivent présider à l'établissement des contributions publiques, il en est trois, entre autres, avec lesquels la non-distraction des charges se trouve en contrariété manifeste.

Il est désirable, au point de vue économique, que l'impôt frappe chacun en considération de son revenu, que le capital soit le moins possible sujet à la taxe, que le tribut enfin ne tombe jamais immédiatement sur les classes pauvres.

Or la contrariété est évidente entre la non-déduction du passif héréditaire et ces trois règles que doit consacrer une bonne législation fiscale.

Nous allons essayer de le démontrer.

Le principe de l'égalité en matière fiscale est soutenu par tous les économistes. Adam Smith, notamment, dit que les sujets d'un Etat doivent contribuer au soutien du gouvernement, chacun le plus possible en proportion du revenu dont il jouit sous la protection de l'Etat. Et Jean-Baptiste Say pose en règle que le fardeau des impôts doit se répartir équitablement entre ceux qui y sont soumis.

Or les nombreux exemples par nous cités à la suite de l'exposé de l'art. 15 de la loi de frimaire sont une démonstration péremptoire de l'inégalité choquante d'un impôt successoral perçu sur l'actif brut. Un adversaire de la première heure, Jousselin, disait à ce propos lors des débats en l'an VII que « contrairement au pacte social, l'Etat dans certaines hypothèses se trouve, avec un système pareil, seul héritier au préjudice des héritiers légitimes ». Nous trouvons le même argument repris par MM. Doumer et Cordelet dans leurs récentes études sur la déduction du passif. « On ne peut nier, dit M. Doumer (1), qu'il soit souverainement injuste de frapper du même impôt, non pas la valeur réelle des biens dont on hérite, mais leur valeur apparente. Une fortune de 100,000 fr. grevée de 80,000 francs de dettes n'est pas de 100,000, mais seulement de 20,000 francs, et c'est cette somme là seulement qu'en bonne justice on doit atteindre par l'impôt ». — « Admettre la déduction du passif dans le calcul des droits de succession, dit à son tour M. Cordelet (2), c'est consacrer en cette matière le grand

(1) Rapport, 10 nov. 1894, Chambre ; annexes, p. 1484.
(2) Rapport au Sénat, 1896. — Sénat ; annexes, p. 288.

principe de l'égalité proportionnelle devant l'impôt ; car si, sur deux successions présentant le même actif brut, l'une nette de toute charge, l'autre grevée de dettes qui en absorbent la moitié ou les trois quarts, on exige la même somme de droits, que devient l'égalité ? »

La non-distraction des charges se trouve également en opposition avec la règle suivant laquelle il est désirable que l'impôt en général, et l'impôt successoral en particulier, ne frappe pas le capital lui-même. Tout impôt, d'après Sismondi, doit porter sur le revenu, mais non sur le capital. « Quand on frappe le capital, il n'y a pas moyen de s'arrêter dans cette voie : c'est une véritable poule aux œufs d'or. » M. Méline, dans la discussion de 1895, rappelait à la Chambre ce principe ancien d'après lequel il ne faut pas demander à l'héritier un droit supérieur à une ou deux années de revenu.

Or la non-déduction du passif héréditaire équivaut indirectement à ce résultat dans de nombreuses hypothèses. Que l'on suppose un immeuble de 100.000 francs, grevé de 80.000 francs hypothécairement, dévolu à un parent collatéral ou même à un étranger. Les droits qui varient alors de 5000 à 11.000 francs (sans compter les décimes) pour une valeur réelle de 20.000 francs, entament incontestablement le capital.

Nous prétendons qu'une législation pareille est non seulement injuste, mais encore contraire aux principes économiques les plus certains.

Frappé de ces raisons, M. Cauwès invoque, dans son Précis d'économie politique (1), cette considération décisive en faveur de la déduction du passif héréditaire, « que l'impôt doit être en proportion des facultés réelles du contribuable et ne jamais opérer l'expropriation d'une partie de sa fortune. »

Dans les sociétés démocratiques une autre règle doit, autant que possible, présider à l'établissement des impôts. Cette règle est celle qu'indique un économiste italien, Verri, dans les termes suivants : Le tribut ne doit jamais tomber immédiatement sur les classes pauvres.

Or, l'impôt des successions perçu sur la valeur brute des héritages atteint surtout les classes pauvres.

Les petits propriétaires ruraux, notamment, ont, pour la plupart, en face des difficultés de l'heure présente, leurs biens hypothéqués dans une forte proportion ; et la mort du père de famille n'est point faite pour diminuer la situation précaire de ces travailleurs intéressants. La disparition du chef de la famille, laissant une veuve avec des enfants souvent encore hors d'état de gagner leur vie, amène la gêne et la pauvreté dans la maison. Les biens sont déjà en partie hypothéqués ; ils vont, sans doute, l'être désormais complètement. Le fisc néanmoins ne s'arrête pas devant la situation difficile de ces pauvres gens : et c'est eux

(1) 3e édition, tome IV, p. 402.

surtout que frappe l'iniquité de la non-déduction du passif.

Prenez, au contraire, un homme riche laissant sa famille à l'abri du besoin ; le plus souvent sa succession est liquide ; il n'a pas de dettes. S'il en a, il peut arriver que ces dettes portent sur des propriétés d'agrément, lesquelles étant aujourd'hui taxées d'après la capitalisation du revenu par 20 et 25, et la valeur ainsi obtenue étant inférieure à leur valeur réelle, les héritiers auront beau payer sur le brut, ils n'en sont pas moins dans une situation privilégiée.

Tel est le résultat produit par la non-déduction du passif héréditaire : injustice indéniable et contrariété manifeste avec les principes juridiques et économiques.

En faveur de la déduction des dettes au contraire, nous trouvons, entre autres raisons, l'équité; les principes juridiques sainement entendus; l'incohérence des décisions jurisprudentielles que l'art. 15 de la loi de frimaire a suscitées ; les hésitations de l'administration quant à la portée du même texte ; le quasi unanimité des législations étrangères ; la législation coloniale ; quatre-vingts années d'élaborations et de discussions législatives ; l'opinion publique ; l'assimilation au point de vue fiscal des meubles et des immeubles ; la surélévation du capital imposable en matière d'immeubles; le développement sans cesse grandissant du commerce et de l'industrie.

Qu'importe après cela la seule objection sérieuse

qu'on puisse faire à la déduction du passif héréditaire : l'objection tirée de l'intérêt fiscal du Trésor ? Nous y avons d'ailleurs répondu, non pas en indiquant une solution ferme, mais en exposant les principales parmi les compensations proposées. Si l'on emprunte à chacun de ces systèmes ce qu'ils ont d'acceptable, l'objection fiscale peut être facilement ruinée, et la réforme si désirable de la déduction du passif peut s'obtenir sans aboutir fatalement à l'adoption d'un tarif progressif.

Quant à la question de principe, notre conclusion est la suivante : déduire toutes les dettes pour lesquelles il n'est pas possible de présumer la fraude, ou plutôt : admettre la déduction du passif toutes les fois que des précautions sont possibles contre la fraude.

Adopter une formule très libérale tout en tenant compte de la fraude dans une large mesure, tel est en fin d'analyse le principe qui doit, à nos yeux, guider le législateur dans cette difficile matière de la déduction du passif héréditaire.

Vu :
Le Président,
BERTHÉLEMY.

Vu :
Le Doyen,
GLASSON.

Vu et permis d'imprimer :
Le Vice-Recteur de l'Académie de Paris,
GRÉARD.

TABLE DES MATIÈRES

Paris. — A. FONTEMOING, 4, rue Le Goff.

www.ingramcontent.com/pod-product-compliance
Ingram Content Group UK Ltd.
Pitfield, Milton Keynes, MK11 3LW, UK
UKHW022101190726
13855UKWH00002B/574